भगवद्गीता के अनमोल मोती

भगवद्गीता के अनमोल मोती

(सुख-सफलता-मोक्ष का द्वार)

प्रो. (डॉ.) जी.के. वार्ष्णेय

प्रतिभा प्रतिष्ठान, नई दिल्ली

प्रकाशक : **प्रतिभा प्रतिष्ठान**
694-बी, (नियर अजय मार्केट) चावड़ी बाजार, दिल्ली-110006
 / संस्करण : 2019 / मूल्य : एक सौ पच्चीस रुपए (पेपरबैक)
मुद्रक : नरुला प्रिंटर्स, दिल्ली ISBN 978-93-86001-79-5

BHAGVADGITA KE ANMOL MOTI

by Prof. (Dr.) G.K. Varshney ₹ 125.00 (PB)
Published by Pratibha Pratishthan, 694-B, (Near Ajay Market)
Chawri Bazar, Delhi-110006

अपने माता-पिता

की

पुण्य स्मृति को समर्पित

प्राक्कथन

संसार के समस्त प्राणी सुख और सफलता की खोज में व्याकुल हैं। वे सोचते हैं कि हम कुछ भी कर लें, परंतु सुख और सफलता नहीं मिलती। साथ ही, सभी प्राणी आवागमन के कुचक्र से सदा के लिए छुटकारा चाहते हैं। मनुष्य की इन दोनों महत्त्वाकांक्षाओं की पूर्ति के मार्ग भगवद्गीता में निहित हैं। 'गीता' एक उत्कृष्ट धर्मग्रंथ है।

'गीता' को अनेक बार पढ़ने पर भी ऐसा लगता है कि अभी उसकी गहराई तक नहीं पहुँचा गया है। प्रत्येक बार गीता पढ़ने पर मन में नए-नए विचार उत्पन्न होते हैं, नए-नए रहस्य खुलते हैं। मैंने 1961 से गीता-अध्ययन प्रारंभ किया और 2012 तक अनेक बार इस ज्ञान-सागर में डुबकियाँ लगाईं तथा इसमें से अनगिनत मोती चुने हैं।

मैंने अपने विषय 'वाणिज्य' पर बहुत सी पुस्तकें लिखी हैं तथा आध्यात्मिक विषयों पर कई लेख लिखे हैं, परंतु आध्यात्मिक विषय पर पुस्तक के रूप में यह मेरा प्रयास नया है, जो मैंने अपने कई मित्रों के सुझाव पर किया है। इस पुस्तक को लिखने के पीछे मेरा मुख्य लक्ष्य है कि सामान्य पाठक भी गीता के उपदेशों का सरलतम व यथार्थ रूप में आवश्यक ज्ञान प्राप्त कर सकें और उनका पालन करके सुख-शांति प्राप्त कर सकें।

भगवद्गीता सुंदर और सरल संस्कृत भाषा में लिखा हुआ पावन

ग्रंथ है। गीता पर अनेक टीकाकारों ने अपनी व्याख्याएँ की हैं। सभी प्रशंसनीय हैं; परंतु अधिकांश टीकाकारों ने अपनी व्याख्याओं में अपनी श्रद्धा का रंग चढ़ा दिया है। इस कारण व्याख्याओं तथा वास्तविक अर्थ में अंतर आ जाना स्वाभाविक दीख पड़ता है। दूसरे, छोटे श्लोकों की व्याख्याएँ इतनी विस्तृत हैं कि सामान्य पाठक श्लोकों के अर्थों तथा उन अर्थों की अनुगामी स्पष्टीकरण सामग्री की भूल-भुलैया में पूरी तरह खो जाता है। तीसरे, श्रीकृष्ण को ब्रह्म (परमेश्वर/ईश्वर/परमात्मा) के रूप में प्रस्तुत किया है, जबकि गीता में अनेक स्थलों पर स्वयं श्रीकृष्ण ने ब्रह्म को और स्वयं को भिन्न-भिन्न शक्तियों के रूप में दरशाया है।

मैंने इस लघु पुस्तक में गीता के 18 अध्यायों की संपूर्ण विषय सामग्री को उसके यथार्थ रूप में प्रस्तुत करने का लघु प्रयास किया है—अपनी व्यक्तिगत भावना और श्रद्धा दोनों से दूर रहकर। गीता में वर्णित समस्त विचारों और धारणाओं को इस पुस्तक में 11 छोटे-छोटे खंडों में प्रस्तुत किया गया है। एक ही विषय से संबंधित पूरी गीता में बिखरे श्लोकों को उसी विषय के खंड में एक ही स्थान पर संकलित करके उस विषय को भलीभाँति समझने योग्य बनाने का स्वाभाविक प्रयत्न किया गया है। प्रत्येक खंड के अंत में उसका 'निष्कर्ष' दिया गया है। पुस्तक के अंत में सात महत्त्वपूर्ण सुझाव दिए गए हैं, जो सुख/सफलता/मोक्ष-प्राप्ति के साधन-स्वरूप हैं। साथ ही साथ, इस पुस्तक के अंतिम पृष्ठ पर गीता का वास्तविक सार दिया गया है।

मुझे आशा ही नहीं, अपितु पूर्ण विश्वास है कि प्रत्येक पाठक इस पुस्तक को पढ़कर गीता-रहस्य को समझने में सफल होगा और उससे लाभान्वित भी होगा; इसमें सुख प्राप्ति के वैकल्पिक मार्ग पा लेगा और स्वयं के द्वारा चयनित मार्ग पर चलकर जीवन में सुख अवश्य प्राप्त करेगा।

इस पुस्तक को इसके वर्तमान स्वरूप तक लाने में मुझे श्रीमती

किरण वार्ष्णेय, उत्कर्ष वार्ष्णेय तथा ऋचा वार्ष्णेय का यथोचित सहयोग प्राप्त हुआ है, जिसके लिए मैं उनका हार्दिक आभार प्रकट करना अपना आवश्यक कर्तव्य समझता हूँ। मैं डॉ. अजय मिश्रा तथा डॉ. रश्मि शर्मा का आभारी हूँ, जो इस पुस्तक के प्रकाशित होने के संबंध में समय-समय पर अपनी जिज्ञासा व्यक्त करते रहे हैं, इस आशा में कि वे गीता की वास्तविक शिक्षाओं को समझ सकें।

—प्रो. (डॉ.) जी.के. वार्ष्णेय

शास्त्रोक्त सर्वोत्तम प्रार्थनाएँ

— "ॐ ब्रह्माय (ब्रह्म–आय) नमः।"

— "ॐ भूर्भुवः स्वः तत्सवितुर्वरेण्यं भर्गो देवस्य धीमहि धियो यो नः प्रचोदयात्।" [ऋग्वेद : 3/62/10; छांदोग्य उपनिषद् : 3/12/1,2,5; वृहदारण्यक उपनिषद् : 5/14/4,5]

[हम ॐ शब्द में निहित उस सर्वोच्च देव (ब्रह्म/परमेश्वर) का ध्यान करते हैं, जो संपूर्ण पृथ्वी, आकाश और स्वर्ग में व्याप्त है, जो स्वयं को सूर्य और सूर्य के प्रकाश के रूप में प्रकट करता है तथा जो शोधक है और समस्त कल्याण/सुख-शांति/संपन्नता का प्रदानकर्ता है। हम उससे प्रार्थना करते हैं कि वह हमको/हमारी बुद्धि (समझ) को इस प्रकार से प्रबुद्ध करे/प्रेरित करे, जिससे हम उचित मार्ग का चिंतन करें और उसी पर अग्रसर हों, जिससे हमारी सभी व्यथाओं/विपत्तियों का विनाश हो जाए।]

— "असतो मा सद्गमय, तमसो मा ज्योतिर्गमय, मृत्योर्मामृतं गमय।"

(वृहदारण्यक उपनिषद्, 1/3/28)

[असत् (माया) से मुझको सत् (ब्रह्म) की ओर ले चलो; अंधकार (अज्ञान/तमोगुण) से प्रकाश (ज्ञान/सत्त्व गुण) की

ओर ले चलो तथा मृत्यु से (आवागमन के चक्र से छुड़ाकर) मुझको अमृत्व (मोक्ष) की ओर ले चलो।]

— "सर्वे भवन्तु सुखिनः सर्वे सन्तु निरामया।
सर्वे भद्राणि पश्यन्तु मा कश्चित् दुःख भाग्भवेत्॥"
(वृहदारण्यक उपनिषद्, 1/4/14)

[ईश्वर करे सब प्राणी सुखी हों, सभी प्राणी निरोगी (स्वस्थ) हों, सभी प्राणियों का मंगल (शुभ/सौभाग्य) हो तथा किसी भी प्राणी को कोई दुःख न हो।]

अनुक्रमणिका

‘गीता’ की ऐतिहासिक पृष्ठभूमि एवं मूल पाठ

भगवद्गीता को संक्षेप में ‘गीता’ कहते हैं। वर्तमान समय में चार वेद हैं—ऋग्वेद, यजुर्वेद, सामवेद तथा अथर्ववेद। भारतीय लोग यह मानते हैं कि वेद संसार में मानव-जाति द्वारा रचित सबसे प्राचीन ग्रंथ हैं। हिंदू साहित्य के भी सबसे प्राचीन ग्रंथ हैं। इनका लेखन-काल कम-से-कम 1,500 ईसवी पूर्व माना जाता है। गीता में कई स्थलों पर वेदों का संदर्भ आया है। उदाहरणार्थ, गीता के अध्याय 2 के 45 वें श्लोक में भगवान् कृष्ण अर्जुन से कहते हैं—“हे अर्जुन! वेदों में जिन तीन गुणों (सत्त्व, रज, तम) का विषय प्रतिपादित है, उन तीनों से तू पृथक् हो जा।” इसी प्रकार गीता के अध्याय 9 के 20वें श्लोक में ‘त्रैविद्या’ शब्द का प्रयोग हुआ है, जिसका अर्थ है—‘तीनों वेदों को जाननेवाले।’ वास्तव में प्रारंभ में तीन ही वेद थे—ऋग्वेद, यजुर्वेद तथा सामवेद। उन्हें ‘त्रयी विद्या’ अर्थात् ‘त्रिविध ज्ञान’ के नाम से जाना जाता था। चौथा वेद अथर्ववेद गीता-काल के बाद, परंतु वैदिक काल में ही जोड़ा गया है। वेद भारत की प्राचीन भाषा वैदिक संस्कृत में लिखे हुए हैं। यह माना जाता है कि वेदों को सप्तर्षि (सात ऋषियों) ने लिखा है।

वेदों के प्रारंभिक भागों को, जिनमें विभिन्न संस्कारों के विषय में

लिखा है, 'कर्मकांड' के नाम से जाना जाता है तथा अंतिम भागों को 'ज्ञानकांड' के नाम से जाना जाता है। वेदों का 'ज्ञानकांड' वाला भाग 'उपनिषद्' कहलाता है, उसे 'वेदांत' कहा जाता है। 108 उपनिषदों में बुद्धि तथा ज्ञान के संबंध में समस्त आवश्यक संक्षिप्त विवरण है। गीता पर उपनिषदों का विशेष प्रभाव पड़ा है, मुख्य रूप से 'कठोपनिषद्' का। गीता को भी एक उपनिषद् माना जाता है, क्योंकि इसमें भी बुद्धि और ज्ञान का आवश्यक संक्षिप्त विवरण है। इसीलिए इसे 'गीतोपनिषद्' कहा जाता है, जिसका अर्थ होता है कि इसका स्तर एक उपनिषद् का है, अर्थात् वेदांतिक पुस्तक का है, जिसमें बुद्धि व आत्मज्ञान की शिक्षा है। गीता को 'योगोपनिषद्' भी कहते हैं, क्योंकि इसमें योग के विभिन्न स्वरूपों का वर्णन है। गीता को 'उपनिषदों का उपनिषद्' भी कहा जाता है, क्योंकि यह उपनिषदों की शिक्षाओं के संक्षिप्त विवरण का प्रतिनिधित्व करती है। गीता को 'मोक्ष शास्त्र' अथवा 'मुक्ति का धर्मग्रंथ' भी कहते हैं, क्योंकि इसमें 'निरपेक्ष के विज्ञान' के विषय में बताया गया है तथा साथ-ही-साथ यह मोक्ष का मार्ग भी दर्शाती है। (विज्ञान = क्रमबद्ध और व्यवस्थित ज्ञान; प्रज्ञान = विशिष्ट ज्ञान)। गीता को 'दृष्टियों की दृष्टि' भी कहते हैं, क्योंकि वह उत्तम 'अंतर्दृष्टि' है, जो पिंड (शरीर) में 'आत्मा' को और वह उच्चतर 'दूरदृष्टि' है, जो मृत्यु के पश्चात् 'मोक्ष' को तथा वह सर्वोत्तम 'दिव्य दृष्टि' है, जो ब्रह्मांड में 'ब्रह्म/परमात्मा' को देखती है। वास्तव में गीता को चारों वेदों, 108 उपनिषदों तथा हिंदू दर्शन की छह पद्धतियों (न्याय, वैशेषिक, सांख्य, योग, मीमांसा तथा वेदांत) का सार माना जाता है।

गांधीजी ने गीता को 'निस्स्वार्थ कर्म का सुसमाचार' तथा 'आध्यात्मिक शब्दकोश' कहा है। भगवद्गीता का निष्काम कर्म (निस्स्वार्थ सेवा) पर बल महात्मा गांधी के लिए एक प्रेरणास्रोत था।

गीता-काल तथा गीता लेखक के संबंध में विभिन्न मत हैं, तथापि यह कहा जा सकता है कि महाकाव्य 'महाभारत' की अठारह पर्वों में से

छठे पर्व 'भीष्म पर्व' में भाग 23-40 में 'गीता' का उल्लेख है। यह भगवान् कृष्ण और अर्जुन के बीच योग पर एक संवाद के रूप में अठारह अध्यायों तथा सात सौ श्लोकों में वर्णित है; परंतु इस बात का प्रमाण मिलता है कि गीता की प्राचीन हस्तलिपि में सात सौ पैंतालीस श्लोक थे। 'महाभारत' का लेखक महर्षि व्यास को माना जाता है। इस प्रकार गीता भी व्यास-कृत हुई।

'गीता' ईसवी सन् से पहले की है, द्वापर युग की है, जब वह कलियुग में उतर रहा था। कुरुक्षेत्र युद्ध, जहाँ पर भगवान् कृष्ण ने अर्जुन को गीता-उपदेश दिया, की तिथियों में गहरा अंतर है। ये तिथियाँ इतनी पुरातन हैं कि 6,000 ईसवी पूर्व से लेकर इतनी आधुनिक हैं कि 500 ईसवी पूर्व तक बिखरी हुई हैं। इस प्रकार इनमें मतैक्य का अभाव है। परंतु प्रायः यह माना जाता है कि गीता की रचना 500 ईसवी पूर्व में हुई थी। यद्यपि हो सकता है कि बाद में मूल पाठ (विषय-वस्तु) में बहुत से परिवर्तन हुए हों।

यहाँ यह टिप्पणी करना आवश्यक है कि ज्ञान ग्रहण करने की दृष्टि से 'गीता' की रचना की तिथियों के संबंध में विभिन्न मतांतर होने का कोई महत्त्व नहीं है।

निष्कर्ष रूप में यह कहा जा सकता है कि भगवद्गीता के मूल पाठ में मुख्य दार्शनिक विषय-वस्तु है : 'आठ आधारभूत संकल्पनाओं का वर्णन', जो ये हैं—(i) परमात्मा (ब्रह्म/परमेश्वर/ईश्वर)[1]; यहाँ यह बात स्पष्ट करना पूर्णतः संगत है कि 'भगवान्' शब्द का प्रयोग उपासनीय देवताओं अथवा महिमाशाली पुरुषों के विशेषण के रूप में किया जाता है, जैसे भगवान् राम, कृष्ण, शिव, विष्णु अथवा भगवान् बुद्ध, भगवान् महावीर

1. 'परमेश्वर एक ही है।' 'परमेश्वर एक परमात्मा है।' 'परमेश्वर को किसी भी मनुष्य ने किसी भी समय नहीं देखा है।' [बाइबिल, रोमन्स 3/30; जॉन 4/24,1/18] इसी प्रकार 'एकेश्वरवादी' विद्वान् भी कहते हैं—'एकं ब्रह्म द्वितीयो नास्ति' अर्थात् 'ब्रह्म एक ही है, दूसरा नहीं।' कबीर एक महान् एकेश्वरवादी थे। अधिकांश हिंदू मनीषी एक ईश्वर के अस्तित्व में विश्वास रखते हैं।

इत्यादि। (कुछ हिंदू तो संन्यासियों, फकीरों, जानवरों और वृक्षों को भी भगवान् मानकर उन्हें पूजते हैं, उनके मंदिर बनवाते हैं।) (ii) पुरुष (जीव/आत्मा/जीवात्मा) (iii) प्रकृति (iv) सांख्य (ज्ञान व बुद्धि) (v) निष्काम कर्म (vi) भक्ति (vii) पुनर्जन्म (viii) मोक्ष।

भगवान् श्रीकृष्ण ने 'गीता' में अठारह विभिन्न योगों का अठारह अध्यायों में सार प्रस्तुत किया है। अधिकांश टिप्पणीकारों ने तीन योगों पर विशेष बल दिया है और अठारह अध्यायों को इन्हीं तीन योगों में विभाजित कर दिया है। वे तीन योग इस प्रकार हैं—ज्ञानयोग, कर्मयोग तथा भक्तियोग। हमको भी यही विभाजन पूर्णतः तर्कसंगत लगता है। कुछ विद्वानों का मत है कि कर्मयोग ले जाता है भक्तियोग की ओर तथा फिर भक्तियोग ले जाता है ज्ञानयोग की ओर। यद्यपि ब्रह्म-प्राप्ति (मोक्ष-प्राप्ति) के ये तीनों मार्ग भिन्न-भिन्न हैं, परंतु उनका आधारभूत लक्ष्य एक ही है— 'आत्मा का परमात्मा में विलय' (जन्म-मरण के चक्र से छुटकारा)। परमात्मा (ब्रह्म) ही अंतिम सत्य है, जिस पर हमारा भौतिक विश्व टिका हुआ है। मनुष्यों की बड़ी संख्या आत्मा तथा जगत् के नियंता के रूप में एक निरपेक्ष अनंत सत्ता में विश्वास करती है, भले ही वे उसके स्वरूप के बारे में अनभिज्ञ हों। दार्शनिक निकोलस मेलब्रांश ने कहा था, "जो कुछ भी जगत् में होता है, उसका ज्ञान परमात्मा को होता है; घटनाओं और पदार्थों के चित्र परमात्मा की चेतना में विद्यमान हैं। जितना अधिक कोई मनुष्य अपने आपको परमात्मा में विलीन कर देता है उतना ही स्पष्ट उसका ज्ञान हो जाता है।"

हमारा स्थूल शरीर लौकिक (सांसारिक) है, इसलिए उसका अंत हो जाता है। सांसारिक प्रत्येक वस्तु एवं व्यक्ति मरणशील हैं; परंतु परमात्मा अनंत है, शाश्वत् (नित्य, हमेशा रहनेवाला) है। योग का उद्‌देश्य मोक्ष है। मोक्ष का अर्थ है "अंतिम सत्य को प्राप्त करके स्वयं को पुनर्जन्म के बंधन से मुक्त करना (छुटकारा दिलाना)।"

□

गीता-महत्त्व : जीवन में गीता की आवश्यकता क्यों है?

भगवद्गीता (ईश्वर-गान) यद्यपि एक हिंदू-धर्मशास्त्र है, तथापि इसका दर्शन (तत्त्वज्ञान) एवं इसकी अंतर्दृष्टि धर्म के परे संपूर्ण मानवता तक जाती है। कई बार गीता को इसीलिए 'मानव जाति के लिए नियमावली' की संज्ञा भी दी जाती है। इसकी प्रशंसा केवल मोहनदास करमचंद गांधी, बाल गंगाधर तिलक आदि जैसे भारतीयों ने ही नहीं की, अपितु एल्डूस हक्सले, अल्बर्ट आइंसटीन, जे. रॉबर्ट ओपनहेमर, रैल्फ बाल्डो इमरसन, कार्लजंग तथा हर्मन हैस्सी जैसे विदेशी विद्वानों ने भी की है। यह साहित्य तथा दर्शन के इतिहास में सर्वाधिक महत्त्वपूर्ण मूल पाठों में से एक मानी जाती है।

गीता ने ऐसा प्रभाव डाला है, जो आदिकाल में चीन और जापान तथा बाद में पश्चिम की भूमियों तक पहुँचा। महायान बौद्ध धर्म की दो रचनाएँ—'महायान शुद्धोत्पत्ति' तथा 'सद्धर्म पुंडरीका'—गीता की गहन ऋणी हैं। यह जानना रुचिकर है कि 'द जर्मन फेथ' के व्याख्याता जे. डब्ल्यू. हौअर, संस्कृत के एक विद्वान्, जिसने भारत में एक मिशनरी में कुछ वर्षों तक सेवा की, ने 'द जर्मन फेथ' में भगवद्गीता को केंद्रीय स्थान दिया है। उसने 'गीता' को 'अविनाशी महत्त्व की एक कृति' कहा है। वह कहता है, "यह

पुस्तक उन गहन अंतर्दृष्टियों को प्रदान करती है, जो सभी कालों और सभी धार्मिक जीवनों के लिए प्रामाणिक (मान्य) हैं।''

भगवद्गीता हमारा मार्गदर्शन करती है और हमको यह बताती है कि हम स्वयं को कर्म में संलग्न करने से पहले 'मानव-जीवन' के अर्थ को समझें। यह 'विवेकपूर्ण विवेचन' की गरिमा की निंदा करके 'धर्मांध व्यावहारिक भक्ति' (अर्थात् बिना सोची-समझी भावुक उपासना) की वकालत नहीं करती। गीता की हार्दिक इच्छा हमको मोक्ष-प्राप्ति का (आवागमन के बंधन से छुटकारा पाने का) मार्ग दिखाना है, न कि केवल कर्म का आदेश देना। यह बात महत्त्वपूर्ण है कि अन्य सभी योनियाँ केवल कर्म-फल भुगतने के लिए होती हैं, जबकि एक मनुष्य योनि ही कर्म-फल भुगतने के साथ-साथ अपने भावी (आगे के) भाग्य को सुधारने, अधिक अच्छा बनाने का अवसर प्रदान करती है, अपने कर्तव्य-कर्म तथा निष्काम सेवा के द्वारा।

चिरस्थायी दर्शन में भगवद्गीता सर्वाधिक स्पष्ट, सुव्यवस्थित तथा व्यापक संक्षेप (सारांश) है। इसलिए इसका स्थायी मूल्य न केवल भारतीयों के लिए है, बल्कि संपूर्ण विश्व-बंधुओं के लिए है। गीता ब्रह्मविद्या (तत्त्व मीमांसा) भी है और योगशास्त्र (मोक्षशास्त्र) भी।

हमारी दृष्टि में भगवद्गीता मनुष्य के सम्मुख पाँच प्रमुख प्रस्ताव या सुझाव रखती है, जो इस प्रकार हैं—(i) पलायनवाद से मुक्ति तथा विषाद से छुटकारा, अर्थात् परिस्थितियों का डटकर सामना करना तथा नैराश्य/उत्साहहीनता का त्याग करना; (ii) यदि आवश्यकता पड़े तो अपने अधिकारों की प्राप्ति के लिए यथोचित लड़ाई लड़ना; (iii) योग (पतंजलि योग) को अपनाना, अर्थात् योगाभ्यास/प्राणायाम करना; (iv) जीवन में सुख-शांति एवं कल्याण की प्राप्ति; (v) जीवनोपरांत मोक्ष-प्राप्ति।

मनुष्य द्वारा उपर्युक्त लक्ष्यों को प्राप्त करने के लिए गीता में जिन साधनों का वर्णन किया गया है, उनको उसमें 'योग' के नाम से उल्लिखित

किया गया है। वास्तव में 'योग' का अर्थ है 'अभाव की पूर्ति करनेवाला मार्ग/साधन' अर्थात् वह माध्यम, जो हमको हमारे उस लक्ष्य तक पहुँचा सकता है, जिसे हमने अभी तक प्राप्त नहीं किया है। इन मार्गों/ साधनों को तीन प्रमुख योगों में विभाजित किया जा सकता है, जो इस प्रकार हैं—

(1) ज्ञानयोग, जिसे अन्य कई नामों से पुकारा गया है, जैसे : सांख्ययोग, बुद्धियोग, आत्मज्ञान योग तथा संन्यास।

(2) कर्मयोग।

(3) भक्तियोग : (अ) व्यक्तोपासना अथवा साकारोपासना, अर्थात् ईश्वर के साकार (मूर्तिमान) रूप की अनन्य भक्ति तथा (ब) अव्यक्तोपासना अथवा निराकारोपासना (निराकार ब्रह्म की अर्चना), अर्थात् ध्यानयोग अथवा चिंतन।

वास्तव में, ये तीनों योग ईश्वर में निष्ठा के तीन रूप अथवा मार्ग हैं। ये तीनों मार्ग एक ही लक्ष्य की ओर जाते है—'ईश्वर के साथ एकत्व।' आप किसी भी मार्ग का चयन करें, अंतिम परिणाम एक सा ही है : जीवनपर्यंत सुख-प्राप्ति तथा जीवनोपरांत मोक्ष-प्राप्ति, आवागमन के चक्र से मुक्ति, अर्थात् आत्मा का परमात्मा में मिलन।

भगवद्गीता कहती है, ''जो पुरुष ज्ञानयोग और कर्मयोग को फल-रूप में एक देखता है, वही यथार्थ देखता है। (5/5) एक अन्यत्र स्थल पर, ''उस परमात्मा को कितने ही मनुष्य तो शुद्ध हुई सूक्ष्म बुद्धि से ध्यान (भक्ति) के द्वारा हृदय में देखते हैं, अन्य कितने ही ज्ञानयोग के द्वारा और दूसरे कितने ही कर्मयोग के द्वारा देखते हैं, अर्थात् परमात्मा को प्राप्त करते हैं और इस प्रकार मोक्ष को प्राप्त करते हैं।'' (13/24)

निर्विवाद रूप से भगवद्गीता की कई शिक्षाएँ स्वभावतः आदर्श-स्वरूप हैं। आदर्श पूर्णता की अवधारणा है, विचरण है। प्रायः कहा जाता है कि पूर्ण तो केवल एक ईश्वर है; मनुष्य कितने भी प्रयत्न क्यों न कर

ले, वह कभी पूर्ण नहीं हो सकता। उसमें कोई–न–कोई कमी तो अवश्य रहेगी। यदि मनुष्य पूर्ण हो जाए तो वह भी ईश्वर बन जाए। गीता का अंतिम लक्ष्य यही है—ईश्वर के साथ एकात्मकता, ईश्वर में मिलन, आत्मा–परमात्मा का एकीकरण। वास्तव में, आदर्श की उत्पत्ति एक विचार से होती है और विचार एक मानसिक स्थिति है, जो प्राप्य भी है और अप्राप्य भी। परंतु यदि जीवन में कोई आदर्श ही नहीं है तो मनुष्य एक दिशाहीन, लक्ष्यहीन जहाज की भाँति इधर–उधर व्यर्थ ही में भटकता रहेगा; उसका कोई गंतव्य स्थान नहीं होगा। इसलिए सार्थक अथवा सुखी जीवन के लिए एक आदर्श होना आवश्यक है; और वह भी एक ऐसा आदर्श, जिसकी ओर अग्रसर होते हुए अथवा जिसे प्राप्त करके मनुष्य को इस जीवन में सुख–कल्याण प्राप्त हों और उसका भावी जीवन और अधिक सुधर सके अथवा उसकी आत्मा को मुक्ति प्राप्त हो सके। वस्तुतः आदर्श को प्राप्त कर पाना अथवा न कर पाना आप पर, आपकी परिस्थितियों पर तथा आपके भाग्य (पूर्व संचित कर्मों के अभुक्त भाग) पर निर्भर करेगा।

यह आवश्यक नहीं है कि आदर्श को सर्वदा ही प्राप्त किया जा सके और सभी जन उसे प्राप्त कर सकें; परंतु इतना अवश्य संभव है कि हम में से प्रत्येक व्यक्ति आदर्श को प्राप्त करने का भरसक प्रयत्न कर सकता है। एक बात तो निश्चित है कि कोई व्यक्ति आदर्श–प्राप्ति के मार्ग पर जितना आगे जा पाता है, वहाँ तक की लाभ–प्राप्ति तो उसे हो ही जाएगी। इस प्रकार निस्संदेह गीता शास्त्र के उपदेश हमारे सुखी जीवन–यापन के लिए अत्यंत सार्थक हैं, लाभकारी हैं, ऐसा हमारा विचार व विश्वास है।

भगवद्गीता का यथार्थ
संक्षेप : गीता-ज्ञान

गीता को भलीभाँति समझने के लिए हमने उसकी विषय-वस्तु को ग्यारह विभिन्न मुख्य विषयों में विभाजित किया है। यह विभाजन इस प्रकार है—

(1) ज्ञानयोग
(2) कर्मयोग
(3) कर्मसंन्यास तथा कर्मयोग
(4) भक्तियोग
(5) योगी/युक्त (आत्मसंयमी)
(6) प्रकृति अथवा योगमाया (त्रिगुणात्मक माया)
(7) पुनर्जन्म
(8) मोक्ष
(9) ईश्वर
(10) भगवद्गीता के कतिपय अनमोल वचन
(11) भगवद्गीता का यथार्थ मानांकन : गीता-उपदेश : गीतासार

□

ज्ञानयोग

(सांख्ययोग अथवा बुद्धियोग अथवा आत्मज्ञानयोग अथवा संन्यास)

विषम अवसर पर (संकटकाल/कठिन समय में) भावुकता, संकोच, अज्ञान, विषाद (नैराश्य) तथा हृदय-दौर्बल्य (नपुंसकता) भारी दोष हैं, जो मनुष्य की अपकीर्ति का कारण बनते हैं और उसको नष्ट कर देते हैं। (2/3-4)

ज्ञान का अर्थ है मोह समाप्त हो जाना : प्राणियों, आत्मा तथा परमात्मा में अंतर न करना। ज्ञानी पुरुष को शरीर से मोह नहीं होता। ज्ञानी जानता है कि जिससे यह संपूर्ण जगत् व्याप्त है, वह परमात्मा अविनाशी है, अनंत है।

ज्ञानयोग वह निष्ठा है, जिसमें आत्मज्ञान का, तत्त्वज्ञान का बोध होकर मनुष्य आत्मविचार में ही मग्न (डूबा हुआ) रहता है। ज्ञानी कर्मसंन्यासी होता है। ज्ञानी यह भी जानता है कि कर्मों का फल ईश्वर नहीं बल्कि प्रकृति देती है।

श्रद्धावान् शिष्य बनकर, इंद्रियों पर संयम रखकर तथा योग्य गुरु अर्थात् तत्त्वदर्शी ज्ञानी की शरण में जाकर ही ज्ञान प्राप्त होता है।

समस्त ब्रह्मांड में अविनाशी तो केवल आत्मा-परमात्मा है। परमात्मा संपूर्ण जगत् में व्याप्त है। आत्मा-परमात्मा के अतिरिक्त सबकुछ विनाशशील है। ज्ञानी पुरुष को इसीलिए देह (शरीर) से मोह नहीं होता। (2/17, 2/13)

आत्मा अजन्मा है, नित्य (निरंतर) है, शाश्वत् (स्थायी/अक्षय) है, पुरातन है, शरीर के मरने पर भी नहीं मारा जाता, अविनाशी है, अव्यय (अपरिवर्तनशील) है, यह आत्मा अबध्य है। कोई पुरुष इसको मरवा नहीं सकता। कोई पुरुष इसको मार नहीं सकता। जैसे मनुष्य अपने पुराने वस्त्रों को त्यागकर दूसरे नए वस्त्रों को ग्रहण करता है वैसे ही जीवात्मा पुराने शरीरों को त्यागकर नए शरीरों को स्वीकार करता है। इस आत्मा को शस्त्र काट नहीं सकते; इसको अग्नि जला नहीं सकती; इसको जल गीला नहीं कर सकता (भिगो नहीं सकता) और वायु सुखा नहीं सकती; क्योंकि आत्मा अच्छेद्य है (इसे छोटा या विभाजित नहीं किया जा सकता—चीरा-फाड़ा नहीं जा सकता); अदाह्य है (जिसे जलाया नहीं जा सकता), अक्लेद्य है (जिसे भिगोया नहीं जा सकता) और निस्संदेह ही अशोष्य है (जिसे सुखाया नहीं जा सकता) तथा यह आत्मा सर्वव्यापी, स्थिर रहनेवाला, अचल और सनातन है—अर्थात् जो सदा से चला आ रहा है। यह आत्मा अव्यक्त[1] (अप्रकट) है, अचिंत्य है (जिसका चिंतन/कल्पना न हो सके) और यह आत्मा विकार-रहित है (अपरिवर्तनशील है)। इसलिए इस आत्मा को पूर्णोक्त प्रकार से जानकर तुमको (मनुष्य को) शरीर के लिए शोक करना उचित नहीं है। (2/20-25, 30)

यदि मनुष्य आत्मा को सदा जनमनेवाला तथा सदा मरनेवाला मानता है तो भी मनुष्य को शोक करने का कोई कारण नहीं है; क्योंकि इस मान्यता के अनुसार भी जन्म लिये हुए की मृत्यु होगी और मृत प्राणी का जन्म भी होगा (पुनर्जन्म)। इसलिए मनुष्य को इस अपरिहार्य विषय

---

1. कठोपनिषद्—"संपूर्ण भूतों में छिपा हुआ यह आत्मा प्रकाशमान नहीं होता। यह तो सूक्ष्मदर्शी पुरुषों द्वारा अपनी तीव्र और सूक्ष्म बुद्धि से ही देखा जाता है।" (1/2/12)। "वह आत्मा न तो वाणी से, न मन से और न नेत्र से ही प्राप्त किया जा सकता है; 'वह है', ऐसा कहनेवालों से भिन्न पुरुषों को किस प्रकार उपलब्ध हो सकता है।" (2/3/12)

(जिससे बचा न जा सके/जिसका कोई उपाय न हो) में किसी प्रकार का शोक नहीं करना चाहिए। हमको यह जानना चाहिए कि संपूर्ण प्राणी अपने जन्म से पहले अप्रकट थे (पिछले जन्म का किसी को पता नहीं) और मरने के बाद भी अप्रकट हो जानेवाले हैं (मरने के बाद भी पता नहीं कहाँ जाएँगे), केवल बीच में ही प्रकट हैं (वर्तमान जीवन में) फिर ऐसी स्थिति में शोक करना व्यर्थ है। (2/26-28)

यदि मनुष्य धर्मयुक्त संग्राम (न्यायपूर्ण युद्ध) को नहीं करेगा तो वह स्वधर्म और कीर्ति को खोकर पाप को प्राप्त होगा। साथ ही, सब लोग ऐसे मनुष्य की सदा के लिए अपकीर्ति (कुख्याति/बदनामी) का वर्णन करेंगे और सम्मानित मनुष्य के लिए अपकीर्ति मरण (मृत्यु) से भी बढ़कर है तथा महान् व्यक्ति ऐसे मनुष्य को भय के कारण युद्ध से विमुख हुआ (हटा हुआ) मानेंगे। ऐसे मनुष्य के शत्रु उसके सामर्थ्य की निंदा करते हुए कटु वचन भी कहेंगे, जो एक महान् दुःख की बात होगी।[1] इसलिए मनुष्य को सुख-दुःख, लाभ-हानि तथा जय-पराजय को समान समझकर (अर्थात् कुछ भी परिणाम हो, उसकी चिंता किए बिना ही) धर्मयुद्ध के लिए तत्पर रहना चाहिए। ऐसी लड़ाई लड़ने से मनुष्य को कोई पाप नहीं लगेगा। (2/33-38)

आत्मा-परमात्मा के संबंध में किया गया उपर्युक्त वर्णन सांख्य[2]

---

1. यह गीता की इस केंद्रीय शिक्षा के विपरीत है कि मनुष्य को प्रशंसा व निंदा के प्रति उदासीन रहना चाहिए।
2. गीता में 'सांख्य' का अर्थ 'सांख्य दर्शन पद्धति' से नहीं है और न 'योग' का अर्थ 'पतंजलि योग' से है। सांख्य का अर्थ है 'पुरुष' (आत्मा) तथा 'प्रकृति' का स्पष्ट द्वैत, जो परमात्मा की वास्तविकता की पुष्टि करता है कि परमात्मा सबका प्रभु (स्वामी) है। सांख्य ज्ञानयोग है, जो परमात्मा का बौद्धिक स्पष्टीकरण (कारण) देता है। 'गीता' में सांख्य ज्ञान पर तथा इच्छा के त्याग पर बल देता है। वह बुद्धियोग (अर्थात् बुद्धि या समझ की एकाग्रता) को विकसित करता है। बुद्धि केवल संकल्पनाओं को गढ़ने (रचने) की क्षमता का नाम नहीं है, बल्कि यह पहचान एवं विभेदीकरण (अर्थात् जानने और भेद

की बुद्धि (ज्ञानयोग) है।

समत्व रूप बुद्धियोग से सकाम कर्म अत्यंत ही निम्न श्रेणी का है। इसलिए मनुष्य को सकाम कर्म को दूर से ही त्याग देना चाहिए। मनुष्य को बुद्धि की शरण में जाना चाहिए; क्योंकि जो फल की प्राप्ति के हेतु कर्म करते हैं, वे कृपण हैं (अर्थात् कंजूस या दयनीय या दु:खी हैं)। (2/49)

जो बुद्धि-युक्त है, अर्थात् जिस बुद्धियोगी ने अपनी बुद्धि को परमात्मा से जोड़ा हुआ है, वह पुण्य कर्मों तथा पाप कर्मों, दोनों ही के प्रभावों से मुक्त हो जाता है। (क्योंकि वह अच्छे-बुरे में अंतर करनेवाली नैतिक स्थिति से भी उच्चतर स्थिति प्राप्त कर लेता है। वह स्वार्थपरता से छुटकारा पा लेता है, इसलिए बुरा करने के अयोग्य हो जाता है, अर्थात् किसी का बुरा नहीं करता।) (2/50)

बुद्धि-युक्त विद्वान् मनुष्य कर्मों से उत्पन्न होनेवाले फल को त्यागकर जन्म-मरण के बंधन से मुक्त हो जाते हैं और निर्विकार परम पद (मोक्ष) को प्राप्त कर लेते हैं। (2/51)

जिस समय मनुष्य की बुद्धि मोह रूपी दलदल को भलीभाँति पार कर जाती है, उस समय वह सुने हुए तथा सुनने योग्य मामलों के प्रति (अर्थात् इस लोक तथा परलोक के सभी भोगों या शास्त्रों के प्रति) उदासीन (विरक्त) हो जाता है। (2/52) [जिस व्यक्ति को अंतर्दृष्टि प्राप्त हो चुकी है, अर्थात् जिसने ब्रह्म को तत्त्व से जान लिया है, ऐसे ब्रह्मज्ञानी को वेद (तथा उपनिषद्) अनावश्यक हैं, ठीक उसी प्रकार जिस प्रकार कि एक ऐसे स्थान पर जहाँ कि हर दिशा से पानी की बाढ़ आई हुई हो, वहाँ पर

करने) का काम भी करती है। बुद्धि या समझ को आवश्यक रूप से इस प्रकार प्रशिक्षण देना चाहिए कि वह अंतर्दृष्टि, स्थिरता तथा समता प्राप्त कर सके। मन (मानस/चित्त) को इंद्रियों के साथ जुड़ने के बजाय बुद्धि द्वारा उसका मार्गदर्शन किया जाना चाहिए, क्योंकि बुद्धि मन से उच्चतर है। मन आवश्यक रूप से बुद्धि के साथ संयुक्त होना चाहिए; अर्थात् मनुष्य को बुद्धि-युक्त होना चाहिए। कर्मयोग निष्काम कर्म पर बल देता है।

तालाब का कोई उपयोग नहीं है। (2/46)] इसका अर्थ यह है कि विद्वान् पुरुष धार्मिक कृत्यों को कोई महत्त्व प्रदान नहीं करते हैं।

वैदिक मूल पाठों के आधार पर प्रकटित सत्यों के संबंध में भाँति-भाँति के मतों को सुनने से विचलित हुई मनुष्य की बुद्धि जब अचल और स्थायी होकर परमात्मा की समाधि में स्थिर हो जाती है तब मनुष्य ज्ञानयोग को प्राप्त हो जाता है, अर्थात् उसका परमात्मा से नित्य संयोग हो जाता है। (2/53)

अर्जुन ने पूछा—हे केशव! समाधि में स्थित स्थितप्रज्ञ मनुष्य के क्या लक्षण हैं? स्थित बुद्धिवाला मनुष्य किस प्रकार बोलता है, किस प्रकार बैठता है और किस प्रकार चलता है? (2/54)

भगवान् श्रीकृष्ण बोले कि जिस समय कोई मनुष्य अपने मन में स्थित संपूर्ण कामनाओं (इच्छाओं) को त्याग देता है और आत्मा से आत्मा में ही संतुष्ट रहता है, उस समय वह स्थितप्रज्ञ कहा जाता है। दुःखों के प्राप्त होने पर जिसके मन में उद्वेग (आवेश/अस्थिरता) उत्पन्न नहीं होता और सुखों के प्राप्त होने पर उसमें उसकी कोई कामना नहीं होती तथा जो आसक्ति, भय और क्रोध से मुक्त हो गया है, ऐसा मुनि (तपस्वी/चिंतक) स्थित बुद्धिवाला कहा जाता है। जो सभी जगह स्नेह-रहित रहता है तथा जो शुभ को प्राप्त करके उसका अभिनंदन नहीं करता और अशुभ को प्राप्त करके उससे द्वेष नहीं करता, उस मनुष्य की बुद्धि स्थापित हो गई है। जिस प्रकार कछुआ सब ओर से अपने अंगों को समेटकर अपने खोल के अंदर कर लेता है, उसी प्रकार जब मनुष्य अपनी इंद्रियों को उनके विषयों (प्रलोभनों) से सब ओर से हटा लेता है तब ऐसे मनुष्य की बुद्धि स्थापित हो जाती है।[1] देहधारी प्राणी जब

1. कठोपनिषद् : "परमात्मा ने इंद्रियों को बहिर्मुख करके उनका हनन कर दिया है। इसी से प्राणी बाह्य विषयों को देखता है, अंतरात्मा को नहीं। जिसने अमरत्व की इच्छा करते हुए अपनी इंद्रियों को रोक लिया है, ऐसा कोई धीर पुरुष ही संपूर्ण विषयों (प्रसंगों) को जाननेवाले आत्मा को देख पाता है।" (2/1/1)

इंद्रियों के विषयों[1] से दूर रहने का अभ्यास करता है तो उसे उन विषयों से तो छुटकारा मिल जाता है, लेकिन उनमें रहनेवाली उसकी आसक्ति (अर्थात् विषयों का स्वाद) समाप्त नहीं होती; परंतु जब ऐसा प्राणी परमात्मा को देख लेता है तो विषयों के प्रति उसकी यह आसक्ति (स्वाद) भी समाप्त हो जाती है। (2/55-59)

प्रमथन (बरबाद) करनेवाले स्वभाववाली ये इंद्रियाँ इतनी प्रबल व वेगवान् हैं कि वे उस विवेकी (कुशाग्र बुद्धि) मनुष्य के मन को भी हर लेती हैं, जो इनको अपने वश में करने (पूर्णता प्राप्त करने) का प्रयत्न करता है। इसलिए युक्त (बुद्धियोगी) को चाहिए कि वह अपनी समस्त इंद्रियों को संयमित (वश में) करके तथा एकाग्रचित्त होकर, परमात्मा में पूर्णतः आसक्त होकर परमात्मा के ध्यान में बैठे; क्योंकि जिस मनुष्य की इंद्रियाँ उसके वश में होती हैं, उसी की बुद्धि स्थापित हो जाती है। (2/60-61)

जब मनुष्य इंद्रिय-विषयों (भोगों) का ध्यान (चिंतन) करता है तो उनमें उसकी आसक्ति उत्पन्न हो जाती है[2] और ऐसी आसक्ति से काम (भोगेच्छा) उत्पन्न होता है। काम में विघ्न पड़ने से क्रोध उत्पन्न होता है। क्रोध से सम्मोह (वशीकरण/व्याकुलता) उत्पन्न होता है और सम्मोह से (आत्मा की) स्मृति का क्षय होता है और स्मृति क्षय हो जाने से बुद्धि नष्ट हो जाती है और बुद्धि का नाश होने से मनुष्य का अस्तित्व

1. पाँच ज्ञानेंद्रियाँ : आँख (रूप), नाक (गंध), जिह्वा (रस), कान (शब्द) तथा त्वचा (स्पर्श) : ये मनुष्य को ज्ञान कराती हैं। पाँच कर्मेंद्रियाँ—हाथ, पैर, वाणी, गुदा, उपस्थ (अर्थात् पुर्लिंग और योनि), जो मनुष्य के दैनिक कार्यों को संपन्न करती हैं।

2. ''मन में विकार (उत्तेजना/वासना) उत्पन्न करनेवाले हेतु (कारण) विद्यमान होने पर भी जिनके मन विकृत (उत्तेजित/वासनात्मक) नहीं होते, वे निश्चय ही धीर (स्थिर) पुरुष हैं।'' कालिदास, कुमारसंभव, 1.59. इसी प्रकार कठोपनिषद् कहता है—''अल्पज्ञानी पुरुष बाह्य भोगों के पीछे लगे रहते हैं, किंतु धैर्यवान् (विवेकी) पुरुष मोक्ष को स्थिर जानकर संसार के अनित्य (भंगुर) पदार्थों की इच्छा नहीं करते।'' (2/1/2)

मिट जाता है—अर्थात् उसका विनाश हो जाता है। किंतु राग-द्वेष (मोह-वैर) से मुक्त मनुष्य (अर्थात् अनुशासित मनवाला व्यक्ति), जो इंद्रिय-विषयों को भोगता है, परंतु इंद्रियों को अपने वश में रखता है, ऐसा विधेयात्मा (विधिवत् आत्मा अर्थात् नियमबद्ध मनुष्य) अंतःकरण की प्रसन्नता को प्राप्त करता है। (2/62-64)

अंतःकरण की प्रसन्नता से सब दुःखों का अंत हो जाता है। प्रसन्नचित्त मनुष्य की बुद्धि तुरंत ही आत्मा में स्थापित हो जाती है। (2/65)

अयुक्त (जो समभाववाला तथा नियंत्रित मनवाला नहीं है) में बुद्धि नहीं होती और उसके अंतःकरण में चिंतन (ध्यान) की भावना भी नहीं होती तथा भावनाहीन मनुष्य को शांति नहीं मिलती और शांति-रहित मनुष्य को सुख कैसे मिल सकता है, अर्थात् अशांत व्यक्ति को सुख नहीं मिलता। विषयों (भोगों) में भ्रमण (मटरगश्ती) करती हुई इंद्रियों में से मन जिस इंद्रिय के साथ निरंतर लगा रहता है, वह एक ही इंद्रिय इस अयुक्त पुरुष की बुद्धि को उसी प्रकार से हर लेती है (बहा ले जाती है) जिस प्रकार कि जल में चलनेवाली नाव को वायु बहा ले जाती है। इसलिए जिस मनुष्य की इंद्रियाँ सब प्रकार से इंद्रिय-विषयों से निग्रह की हुई हैं (रोकी हुई हैं), उसी की बुद्धि स्थापित है। (2/66-68)

समस्त प्राणियों के लिए जो रात्रि होती है वह संयमी (अनुशासित) व्यक्ति के लिए जागने का समय होता है तथा जो समस्त प्राणियों के लिए जागने का समय होता है, वह परमात्मा के तत्त्व को जाननेवाले मुनि (तपस्वी/चिंतक) के लिए रात्रि होती है। [दूसरे शब्दों में, जब समस्त प्राणी इंद्रिय-विषयों की चमक से आकर्षित होते हैं तब संयमी व्यक्ति जीवन की वास्तविकता (परमात्मा) के विषय में समझकर संतुष्ट होता है (आराम से सोता है)। वह वास्तविकता की प्रकृति के संबंध में जाग्रत् होता है, जिसके प्रति बुद्धिहीन (मूर्ख) व्यक्ति सोया हुआ अथवा उदासीन रहता है। सत्य का असत्य के साथ वही संबंध होता है, जो

जागृति का सुप्तावस्था से।] (2/69)

जिस प्रकार विभिन्न नदियों के जल निरंतर समुद्र में प्रवेश करते रहते हैं, पर समुद्र उनसे विचलित नहीं होता, उसी प्रकार सभी काम (भोग) जिस पुरुष में किसी प्रकार का विकार उत्पन्न किए बिना ही समा जाते हैं, वही पुरुष शांति प्राप्त करता है, भोगों की कामना करनेवाला नहीं। जो पुरुष संपूर्ण कामनाओं को त्यागकर ममता-रहित, अहंकार-रहित तथा कामना-रहित हुआ विचरता है, वही शांति को प्राप्त करता है। यह ब्राह्मी (आध्यात्मिक) पुरुष की स्थिति है। इसको प्राप्त होकर कोई मोहित (भ्रमित) नहीं होता और अंतकाल में भी इस ब्राह्मी स्थिति में स्थित होकर ब्रह्म-निर्वाण (मोक्ष) को प्राप्त हो जाता है। (2/70-72)

अज्ञानी मनुष्य फल की आसक्ति से कार्य करते हैं; ज्ञानी मनुष्य लोकहित की इच्छा से आसक्ति-रहित होकर कार्य करते हैं। (3/25)

ज्ञानी आसक्ति, भय तथा क्रोध से मुक्त होकर (अर्थात् इनका त्याग करके), ईश्वर में लीन होकर और ईश्वर के आश्रित होकर (अर्थात् ईश्वर की शरण में जाकर) अपने ज्ञान रूपी तप से ईश्वर के भाव में आ जाता है (अर्थात् ईश्वर के दिव्य प्रेम को प्राप्त कर लेता है)। (4/10)

ईश्वर को कर्म लिप्त (आसक्त) नहीं करते, अर्थात् दूषित नहीं करते और न उसे कर्मों के फल में कोई लालसा (इच्छा) होती है। ज्ञानी ईश्वर को इस प्रकार तत्त्व से जान लेता है (और अनासक्त होकर तथा कर्म-फल की लालसा छोड़कर कर्म करता है), इसलिए ज्ञानी भी कर्मों से (अर्थात् कर्म-फलों से) नहीं बँधता। (4/14)

जो मनुष्य कर्म में अकर्म और अकर्म में कर्म देखता है, वही ज्ञानी है। यहाँ अकर्म का अर्थ है—आंतरिक शांति (आत्मसंयम) को बनाए रखकर, आसक्ति-रहित तथा फलाशा-रहित होकर किया हुआ कर्म, जिससे बंधन उत्पन्न नहीं होता (वह अकर्म हो गया, क्योंकि बंधनकारी नहीं है)। इस प्रकार जो मनुष्य कर्म में आसक्ति और फलाशा नहीं रखता (कर्म

में अकर्म) तथा आसक्ति-रहित एवं फलाशा-रहित होकर कर्म करता है (अकर्म में कर्म), वही मनुष्यों में सबसे अधिक बुद्धिमान है (ज्ञानी है) और वही बुद्धि-युक्त है। यह समझें कि उसने अपने समस्त कर्मों को संपन्न कर लिया है (उसने अपने समस्त कर्मों के लक्ष्य को प्राप्त कर लिया है और वह उनसे मुक्त हो गया है)। (4/18)

द्रव्यमय यज्ञ (भौतिक यज्ञ) की अपेक्षा ज्ञानयज्ञ (आंतरिक आध्यात्मिक अग्नि प्रज्वलित करके बुद्धि का धर्मानुष्ठान) श्रेष्ठतर है, जिसके द्वारा संपूर्ण कर्म ज्ञान में समाप्त हो जाते हैं। उस ज्ञान को मनुष्य तत्त्वदर्शियों के पास जाकर (जिन्होंने सत्य के दर्शन किए हैं) ग्रहण कर सकता है।[1] ज्ञान के प्राप्त होने पर मनुष्य का मोह (भ्रांति) समाप्त हो जाता है और फिर वह समस्त प्राणियों को पहले अपने (आत्मा) में और तत्पश्चात् परमात्मा में देखता है—अर्थात् सभी जीवों को ईश्वर का अंश मानता है। (4/33-35; अध्याय 6 के 29-30 श्लोकों में भी इसी प्रकार के समभाव (एकीभाव) का वर्णन है)

कोई मनुष्य भले ही सबसे बड़ा पापी हो, परंतु वह भी ज्ञान रूपी नौका द्वारा निस्संदेह पाप-समुद्र से भलीभाँति तर जाएगा; क्योंकि ज्ञान रूपी अग्नि संपूर्ण कर्मों को भस्म कर देती है (जला डालती है)। इस संसार में ज्ञान के समान पवित्र अन्य कुछ भी नहीं है। जो योग (कर्मयोग अथवा भक्तियोग) के द्वारा परिपक्व (संपूर्ण) हो जाता है, वह स्वयं ही यथासमय इस ज्ञान को अपनी आत्मा में पा लेता है—अर्थात् वह आत्मज्ञानी

---

1. परंतु तत्त्वज्ञानियों के उपदेश अथवा शास्त्रों की शिक्षा से सबकुछ सिद्ध नहीं होगा। वास्तव में, मनुष्य को स्वयं ही अपने अंदर परमात्मा की अनुभूति करनी होगी, एकाग्रचित्त होकर ध्यानयोग से तथा बाह्य जगत् में यह अनुभूति निस्स्वार्थ लोक-सेवा में प्राप्त की जा सकती है। जब तक व्यक्तिगत ज्ञान नहीं होगा अर्थात् व्यक्तिगत अनुभूति नहीं होगी तब तक शास्त्रों अथवा धर्म-गुरुओं की बातें समझ में नहीं आ सकतीं; जिस प्रकार चम्मच को शोरबे (रस) के स्वाद का कोई बोध (ज्ञान) नहीं होता। केवल बौद्धिक समझ से काम नहीं चलेगा, व्यावहारिक व्यक्तिगत अनुभव से ही हेतु (कारण) अर्थात् तर्क संतुष्ट होगा।

हो जाता है। इसके अतिरिक्त श्रद्धावान,[1] ज्ञान प्राप्त करने में तल्लीन[2] तथा इंद्रियों पर संयम रखनेवाला (जितेंद्रिय) मनुष्य भी ज्ञान को प्राप्त कर सकता है तथा ज्ञान को प्राप्त करके वह बिना विलंब के, तत्काल ही परम शांति (सर्वोच्च स्वर्ग-सुख अर्थात् परमात्मा) को प्राप्त कर लेता है। (4/36-39)

अज्ञानी, श्रद्धा-रहित और संशय-युक्त मनुष्य का अंत में विनाश होता है। ऐसे संशय-युक्त आत्मा (मनुष्य) के लिए न यह लोक है, न परलोक है और न सुख ही है (हमको अपने जीवन में सकारात्मक दृष्टिकोण रखना चाहिए)। (4/40)

जिस मनुष्य ने योग (कर्मयोग या भक्तियोग) के द्वारा समस्त कर्मों का त्याग कर दिया है और जिसने ज्ञान द्वारा समस्त संशयों (संदेहों) को छिन्न-भिन्न (समाप्त) कर दिया है और जो आत्मपरायण (आत्मा के प्रति अति आसक्त अथवा आत्मा में स्थित) हो गया है, ऐसे मनुष्य को कर्म नहीं बाँधते हैं, अर्थात् उसे कर्मों का फल नहीं भोगना पड़ता। इसलिए मनुष्य को उठकर उसके हृदय में स्थित इस अज्ञानजनित अपने संशय का ज्ञान रूपी तलवार से छेदन करके योग (कर्मयोग या भक्तियोग)

---

1. ज्ञान प्राप्त करने के लिए श्रद्धा (विश्वास) का होना आवश्यक है, परंतु श्रद्धा का अर्थ अंधविश्वास से नहीं है। आत्मा की ज्ञान (बुद्धि) प्राप्त करने की महत्त्वाकांक्षा का नाम श्रद्धा है। यदि हमारी श्रद्धा निरंतर रहती है, विचलित नहीं होती तो वह हमको बुद्धि की उपलब्धि कराने में पूर्णतः सफल होती है। यह जानना अत्यंतावश्यक है कि ज्ञान, बुद्धि के रूप में, किसी भी प्रकार के संदेह से मुक्त है; जबकि दूसरी ओर बौद्धिक ज्ञान (विद्या) में संदेह का स्थान होता है, क्योंकि यह एकत्रित समंकों (आँकड़ों) तथा तर्कयुक्त अनुमानों पर निर्भर करता है। बुद्धि को इन साधनों द्वारा प्राप्त नहीं किया जाता। हमको बुद्धि को भीतर-ही-भीतर जीवित रखना होता है तथा इसकी वास्तविकता में इसको विकसित करना होता है; और ऐसा करने के लिए आवश्यक मार्ग श्रद्धा एवं आत्मनियंत्रण से होकर जाता है।
2. अर्थात् आत्मानुशासित (स्व-अनुशासित)। आत्मानुशासन कोई ज्ञान का मामला नहीं है। यह तो इच्छा-शक्ति तथा भावनाओं का मामला है। जब सर्वोच्च पर दृष्टि है तब स्व-अनुशासन आसान होता है।

की शरण में जाना चाहिए।[1] (4/41-42)

सर्वव्यापी परमात्मा निश्चय ही न तो किसी के भी पाप कर्मों को और न किसी के शुभ कर्मों को ही ग्रहण करता है अर्थात् उनका उत्तरदायित्व स्वीकार नहीं करता; किंतु अज्ञान से ज्ञान ढका रहता है। इसी कारण सब अज्ञानी प्राणी मोहित (भ्रमित) हो जाते हैं। परंतु जिन प्राणियों का वह अज्ञान ज्ञान (परमात्मा के तत्त्वज्ञान) के द्वारा नष्ट हो जाता है, उनका वह तत्त्व ज्ञान सूर्य के सदृश उस परमात्मा को प्रकाशित कर देता है। (5/15-16)

जिन मनुष्यों की बुद्धि परमात्मा में लगी हुई है, जिनकी आत्मा परमात्मा में ही एकीभाव से स्थित है, जिनकी निष्ठा परमात्मा में है अर्थात् परमात्मा जिनकी भक्ति का केंद्र-बिंदु है तथा जो परमात्मा के शरणागत हैं, उनके पाप ज्ञान के द्वारा समाप्त हो जाते हैं; इसलिए ऐसे मनुष्यों की पुनरावृत्ति (पुनर्जन्म) नहीं होती और वे परम गति (मोक्ष) को प्राप्त हो जाते हैं। ऐसे ज्ञानी मनुष्य विद्या और विनय से संपन्न ब्राह्मण, गाय, हाथी, कुत्ता तथा चांडाल सभी को समभाव (समान दृष्टि) से देखते हैं; क्योंकि शाश्वत आत्मा इन सभी में एक सी होती है।

जिन मनुष्यों का मन समता (समभाव) में स्थित है, उन्होंने इस जीवन में ही अस्तित्व की सापेक्षताओं (अर्थात् जन्म-मृत्यु, सुख-दुःख) को जीत लिया है। क्योंकि ब्रह्म निर्दोष है और सम है अर्थात् सबको अभिन्न (बराबर) देखता है, इसलिए ऐसे मनुष्य ब्रह्म में ही स्थित हैं। जो मनुष्य प्रिय को पाकर हर्षित नहीं होता और अप्रिय को प्राप्त करके उद्विग्न (विचलित) नहीं होता, वह स्थिर बुद्धि, मोह-रहित (संशय-रहित) तथा ब्रह्मज्ञानी मनुष्य ब्रह्म में ही स्थित होता है अर्थात् ब्रह्म को समझ लेता है, उस तक पहुँच जाता है, (अंत में)

1. कठोपनिषद्—"[अरे अविद्याग्रस्त लोगो] उठो, [अज्ञान-निद्रा से] जागो और श्रेष्ठ पुरुषों के समीप जाकर ज्ञान प्राप्त करो।" (1/3/14)

उसमें प्रविष्ट हो जाता है। (5/17-20)

जो मनुष्य बाहर के इंद्रिय-सुखों में आसक्ति-रहित आत्मावाला (अंत:करण वाला) है, वह आत्मा में स्थित जो ध्यानजनित सुख (आनंद) है, उसको भोगता है अर्थात् उसको प्राप्त करता है। ऐसा ब्रह्मयोग से युक्त मनुष्य अर्थात् ब्रह्म के ध्यान रूप योग में अभिन्न भाव से स्थित मनुष्य अक्षय सुख (अविनाशी, निरंतर रहनेवाला सुख अर्थात् स्वर्गानंद) का अनुभव करता है। जो ये इंद्रियों के स्पर्श से उत्पन्न होनेवाले बाह्य भोग (बाहरी आनंद) हैं, (वे यद्यपि विषयी मनुष्यों को सुख रूप दीखते हैं तो भी) वे सब केवल दु:ख के स्रोत (कारण) हैं और ऐसे भोगों का आदि तथा अंत होता है अर्थात् वे अनित्य, सदा न रहनेवाले हैं। इसलिए बुद्धिमान मनुष्य उनमें नहीं रमते अर्थात् उनसे दूर रहते हैं। (5/21-22)

निष्कर्ष : ज्ञानयोग का अर्थ है आत्मा और परमात्मा का ज्ञान प्राप्त करने के लिए समस्त सांसारिक कर्मों का त्याग करना तथा शारीरिक मोह एवं समस्त कामनाओं का परित्याग करके आत्मा-परमात्मा में मगन रहना और इसी प्रक्रिया में ईश्वर को प्राप्त करना।

□

कर्मयोग

कर्मयोग से युक्त होकर (अर्थात् बुद्धि-युक्त होकर) जो मनुष्य अपने धर्मानुसार कर्म करता है, वह कर्मों के बंधन से मुक्त हो जाता है। (2/39)

मनुष्य की अनुभूतियों (भावनाओं) तथा चिंतन (सोच-विचार) को उत्पन्न करनेवाले और उनके द्वारा प्रेरित व्यावहारिक कर्तृत्वों (कार्यों) के सृष्टि-व्यापार (जगत-कार्यों) का नाम 'कर्म' है। कर्म वह प्रक्रिया है, जिसके द्वारा कुछ किया जाता है, इस उद्देश्य से कि कुछ घटित हो सके अथवा किसी परिस्थिति का सामना किया जा सके। कर्म मानसिक या शारीरिक किसी भी प्रकार का हो सकता है।

कर्मयोग का अर्थ है निष्काम कर्म (निस्स्वार्थ सेवा) के साथ अपने मन को संयुक्त करना, जोड़ना तथा उसे करना। कर्मयोग वह निष्ठा है, अनुराग है, मनोवेग है जिसके कारण मनुष्य अपना मन निरंतर निष्काम कर्म में लगाकर अपने कर्तव्य-कर्मों के पालन में ही डूबा रहता है, लोक-सेवा को ही ईश्वर-सेवा समझता है, उसी को ईश्वर की पूजा-अर्चना एवं भक्ति मानता है तथा निष्काम कर्म के माध्यम से ही ईश्वर को प्राप्त कर लेता है। इस संसार में दो प्रकार की निष्ठा श्रीकृष्ण द्वारा पहले कही गई है। उनमें से सांख्ययोगियों की निष्ठा तो ज्ञानयोग से और योगियों की निष्ठा कर्मयोग से होती है। (3/3)

इस प्रकार कर्मयोग कर्म नहीं, बल्कि सेवा है। सेवा में त्याग की प्रमुखता होती है। सेवा और त्याग विवेकसाध्य हैं। 'मिली हुई वस्तु (प्राप्त साधन) अपनी नहीं है, दूसरों की है और दूसरों की सेवा में लगाने के लिए है'—यही सोच विवेक है। इसलिए कर्मयोग कर्म नहीं है, बल्कि विवेक है। कर्म करते हुए भी निर्लिप्त (अनासक्त/त्याग भाव से) रहना ही कर्म-तत्त्व को जानना है।

कर्मयोग के अर्थ की इसी सूक्ष्मता और विचित्रता के कारण 'गीता' कहती है कि क्या कर्म है, क्या अकर्म है (कर्मशून्यता=निष्क्रियता है), इस विषय में बुद्धिमान पुरुष भी मोहित (भ्रमित) हो जाते हैं, परंतु कर्मतत्त्व को भलीभाँति समझकर मनुष्य अशुभ (पाप/कर्म-बंधन) से मुक्त हो जाता है। उचित कर्म का स्वरूप भी जानना चाहिए और अकर्म का स्वरूप भी जानना चाहिए तथा विकर्म (वर्जित कर्म) का स्वरूप भी जानना चाहिए; क्योंकि कर्म की गति गहन है, अर्थात् कर्म की सूक्ष्मताओं (बारीकियों) को समझना अति कठिन है। (4/16-17)

जो कर्म शास्त्रानुकूल नहीं हैं, वे विकर्म हैं; जैसे—झूठ बोलना, हिंसा करना, क्रोध करना, दूसरों को सताना, अनैतिक कर्म, अहंकार करना, लोभ करना इत्यादि। मनुष्य को विकर्म नहीं करने चाहिए।

मनुष्य को अपनी भूमिकाओं तथा अपने शास्त्रों द्वारा अनिवार्य/आवंटित कर्तव्य-कर्म करने चाहिए; क्योंकि अकर्म (निष्क्रियता) की अपेक्षा कर्म करना अधिक उचित है और कर्म न करने से (अकर्म से) मनुष्य अपने शरीर का सामान्य अनुरक्षण (संपोषण=रख-रखाव) भी नहीं कर सकता। (3/8)

जो मनुष्य हठपूर्वक (दिखावे के लिए अपनी) कर्मेंद्रियों को रोककर मन से उन इंद्रियों के विषयों (भोगों) का स्मरण करता है, ऐसा मूर्ख मनुष्य मिथ्याचारी (कपटपूर्ण आचरणवाला=धोखेबाज) कहलाता है (और यह सच्चा इंद्रिय-निग्रह नहीं है)। किंतु जो मनुष्य मन से

इंद्रियों को वश में करके तथा आसक्ति-रहित होकर उनके द्वारा कर्मयोग का आचरण करता है, वही विशिष्ट (श्रेष्ठ) मनुष्य है। (कर्मयोग का आचरण=निष्काम कर्म, निस्स्वार्थ लोक-सेवा।) (3/6-7)

(कर्मयोगी यह जानता है कि) मनुष्य का अधिकार अपने कर्म करने तक ही सीमित है, कर्म-फलों में उसका कभी कोई अधिकार नहीं; अर्थात् कर्म-फल उसके हाथ में नहीं। इसलिए मनुष्य को स्वयं को कर्म-फल का कारण (अर्थात् उत्पन्नकर्ता) नहीं समझना चाहिए। यह सोचकर कि कर्म-फल उसके हाथ में नहीं है, मनुष्य को अकर्म (निष्क्रियता) में आसक्त नहीं होना चाहिए, अर्थात् कर्म-फल हाथ में नहीं है तो ऐसा न हो कि मनुष्य निष्क्रिय बैठ जाए, कोई कर्म करे ही नहीं। (मनुष्य को कर्म का हेतु (कारण/लक्ष्य) कर्म को ही बनाना चाहिए, कर्म-फल को नहीं। कर्म-फल को गौण (सहायक) उद्देश्य के रूप में ही रखना चाहिए। अपने प्राथमिक (मुख्य) उद्देश्य कर्म को पूर्ण कुशलता एवं क्षमता के साथ करना चाहिए, क्योंकि ऐसा करना उसके अधिकार में है।) फिर मनुष्य को किस प्रकार से कर्म करने चाहिए? मनुष्य को कर्म-फलासक्त होकर नहीं, कर्मासक्त होकर, समत्व सोच रखकर (सफलता-असफलता को समान समझकर, अर्थात् इनकी चिंता किए बिना ही), बुद्धि का प्रयोग करते हुए पूर्ण कुशलता के साथ करने चाहिए। (2/47-50)

मनुष्य के कर्मों की सफलता पूर्णरूप से उसके नियंत्रण में नहीं है। गीतानुसार समस्त कर्मों को सफलतापूर्वक संपन्न करने के लिए पाँच घटकों की आवश्यकता होती है—(i) भौतिक शरीर (ii) मनोवैज्ञानिक व्यक्तित्व (व्यक्तिगत अहं अर्थात् 'मैं-पन' यानी अंतःकरण) (iii) विभिन्न प्रकार के उपकरण (साधन), जैसे—इंद्रियाँ, मस्तिष्क, योग्यता (समझ) तथा स्थूल साधन (iv) विभिन्न प्रयास अर्थात् उपकरणों का व्यावहारिक प्रयोग तथा संघर्ष, एवं (v) 'दैव' अर्थात् विधाता

(ब्रह्म) यानी वह आवश्यक आध्यात्मिक शक्ति, जो अदृश्य रूप से ब्रह्मांड पर नियंत्रण करती है अथवा 'भाग्य' या 'प्रारब्ध' (अभुक्त-संचित कर्मफल)[1]। (18/13-14) [व्यावहारिक जगत् में अनेक घटनाओं को देखकर बहुत बार ऐसा लगता है कि "न जाने ऐसा कैसे हो गया?" "हमने तो कोई प्रयास भी नहीं किया, परंतु फिर भी ऐसा हो गया?" "मैंने तो अपनी ओर से पूर्ण प्रयास किए, परंतु फिर भी काम नहीं बना?" "अमुक व्यक्ति इतने पाप कर रहा है, इतनी बेईमानी कर रहा है, इतने अत्याचार कर रहा है; परंतु फिर भी दुनिया भर का आनंद ले रहा है?" "अमुक व्यक्ति इतना अच्छा है, परोपकारी है, धर्मभीरु है, फिर भी बेचारा दु:खी है, व्यर्थ में कष्ट भोग रहा है?" "जिस प्रकार से अमुक व्यक्ति ने मेहनत की थी, उस प्रकार से उसे उतनी सफलता नहीं मिली!" "हाल ही में जन्मा बच्चा विकलांग है, जबकि उसने तो अभी तक कोई कर्म किया ही नहीं, फिर ऐसा कैसे हो गया? उसको किस कर्म का फल मिला?" निश्चित रूप से पिछले कर्मों का, अर्थात् भाग्य का। इन सब आश्चर्यजनक प्रश्नों का एक ही उत्तर है और वह है—'भाग्य/प्रारब्ध' अर्थात् 'अभुक्त संचित-कर्म-फल का अच्छा-बुरा परिणाम।' इस प्रकार हम कह सकते हैं कि भाग्य/प्रारब्ध अत्यंत शक्तिशाली होता है, क्योंकि कर्म-फल प्रत्येक व्यक्ति को सुख-दु:ख के रूप में अवश्य ही भोगना पड़ता है, इस जन्म में अथवा अगले जन्म/जन्मों में। लेकिन 'दैव' (ब्रह्म/भाग्य) को निष्क्रियता (अकर्मण्यता) के एक बहाने के रूप में प्रयुक्त नहीं करना चाहिए, अर्थात् 'भाग्य' का बहाना बनाकर अकर्मण्य होकर नहीं बैठ जाना चाहिए, बल्कि उत्साह और आशा के साथ अपने कर्म करने चाहिए। 'मनुष्य' संक्रांति (परिवर्तन) का एक शब्द है। वह अपने शुभ कर्मों से अपने भाग्य को भी परिवर्तित कर

---

1. जिओरडेनो ब्रूनो (1958-फरवरी 17,1600), एक डॉमीनिकन पादरी, जो दार्शनिक बन गया, कहता है, "मैंने लड़ाई लड़ी है, वही बहुत है, विजय भाग्य के हाथों में है।"

सकता है। इसलिए उसे अपनी इच्छा-शक्ति का सहारा लेकर भाग्य, प्रकृति, आनुवंशिकता (पुश्तैनी-वास्तविकता) तथा पर्यावरण के दबावों पर विजय प्राप्त करने का भरसक प्रयत्न करना चाहिए।]

मनुष्य को आसक्ति से रहित होकर निरंतर अपने कर्तव्य-कर्म करते रहना चाहिए, क्योंकि आसक्ति से रहित कर्म करता हुआ मनुष्य परमात्मा को प्राप्त कर लेता है। मूर्ख मनुष्य कर्म में आसक्त होकर कर्म करते हैं, परंतु विद्वान् पुरुष अनासक्त होकर लोक-कल्याण चाहते हुए करते हैं। (3/19,25)

विद्वान् पुरुष को चाहिए कि वह सकाम कर्मों में आसक्त अनभिज्ञ मनुष्यों को उनके कर्म करने से न रोकें, ताकि उनकी बुद्धि (समझ) अशांत न हो अर्थात् डाँवाँडोल न हो। इसके बजाय विद्वान् पुरुष को युक्त (योगी) की भाँति (अर्थात् अनासक्त होकर निष्काम भाव से) अपने कर्तव्य-कर्मों को भलीभाँति संपन्न करते हुए अनभिज्ञ मनुष्यों के मन में कर्तव्य-कर्मों को करने की इच्छा जाग्रत् करनी चाहिए। (3/26) [जानने योग्य दो तथ्य (सिद्धांत) इस प्रकार हैं—(1) श्रद्धा, तत्त्व (वास्तविकता) से अधिक विस्तृत एवं शक्तिशाली होती है। इस तथ्य का संदर्भ यह है कि ब्रह्मवैज्ञानिक सिद्धांतों का 'निरपेक्ष स्वरूप' धार्मिक सच्चाई के 'रहस्यपूर्ण स्वरूप' के साथ असंगत है, परस्पर विरोधी है। (2) दूसरा सिद्धांत यह है कि हमको गंदा (मैला) पानी तब तक निकालकर बाहर नहीं फेंकना चाहिए जब तक कि हमको निर्मल (शुद्ध) पानी प्राप्त न हो जाए। इन दोनों तथ्यों को ध्यान में रखते हुए 'गीता' का पूर्वोक्त श्लोकार्थ सटीक है कि विद्वान् पुरुष को अनभिज्ञ मनुष्यों की समझ (मन) को डाँवाँडोल नहीं करना चाहिए। वास्तव में हमको सामान्य धार्मिक विश्वासों के अनुयायियों के साथ सम्मान सहित पेश आना चाहिए और असावधानी, लापरवाही से उनकी आलोचना करके उन्हें व्याकुल नहीं कर देना चाहिए; क्योंकि सामान्य धर्म विश्वासों का अपना

व्यावहारिक मूल्य होता है और अपना एक आध्यात्मिक आकर्षण होता है। हमें उनको उनके निर्दोष (अबोध) आनंदों, नाच-गानों तथा उनकी दावतों व त्योहारों से वंचित नहीं करना चाहिए। इसी कारण हिंदू धर्म ने विभिन्न समूहों द्वारा पूजे जानेवाले सभी देवताओं को अपने में समायोजित कर लिया है और इन देवताओं में इतनी अधिक विविधता (असंगति) है कि इनमें आकाश, समुद्र, नदियाँ, उपवन, जानवर, गाँवों के अधिष्ठाता देवी-देवता, भूतकालीन पौराणिक प्रतिमाएँ, साधु-संत, दूसरे धर्म के फकीर इत्यादि सम्मिलित हैं। विद्वान् पुरुष को चाहिए कि अनभिज्ञ मनुष्यों को धर्मांधता से उबारें और धीरे-धीरे, सीढ़ी-दर-सीढ़ी उनको बृहत्तर दृष्टि (आत्मा-परमात्मा-प्रकृति का तत्त्वज्ञान) की ओर आकर्षित करें। उन्हें संकीर्ण सोच से बाहर निकालकर जीवन के अंतिम (सर्वोच्च) लक्ष्य 'मोक्ष' का ज्ञान दें और उसे प्राप्त करने का सच्चा मार्ग लोक-सेवा और आसक्ति-रहित निष्काम कर्म की लगन प्रदर्शित करें।]

वास्तव में संपूर्ण कर्म प्रकृति के गुणों[1] (प्रकृति की प्रणालियों) द्वारा किए जाते हैं, परंतु फिर भी जिसका अंतःकरण अहंकार से मोहित (भ्रमित) है वह अज्ञानी मनुष्य ऐसा मानता है कि 'मैं कर्ता हूँ।' परंतु जो ज्ञानी मनुष्य इस तत्त्व को जानता है कि आत्मा, प्रकृति और कर्म भिन्न-भिन्न हैं तथा गुण ही गुणों पर कार्य कर रहे हैं, अर्थात् प्रभाव डाल रहे हैं, ऐसा मनुष्य इंद्रियों में तथा इंद्रिय-तृप्ति में नहीं लगता। प्रकृति के गुणों से मोहित (भ्रमित) मनुष्य उन गुणों द्वारा उत्पन्न कर्मों में आसक्त रहते हैं। (3/27-29)

ईश्वर में समस्त कर्मों का परित्याग करके, अपनी चेतना को आत्मा में स्थिर करके, आशा-रहित (फलाशा त्यागकर), ममता-रहित और शोक-रहित होकर मनुष्य को अपना कर्तव्य-कर्म करना चाहिए।

---

1. इनका विस्तृत अध्ययन भाग (6) में आगे किया गया है।

ऐसा करने से वह कर्म-बंधन से छूट जाता है। परंतु जो ऐसा नहीं करता, वह अज्ञानी है और वह नष्ट हो जाएगा। (3/30-32)

ज्ञानवान् मनुष्य भी अपनी प्रकृति के अनुसार चेष्टा (प्रयास/कायिक व्यापार/कर्म) करता है। सभी प्राणी अपनी प्रकृति[1] का ही अनुसरण करते हैं—अर्थात् अपने स्वभाव के वशीभूत (अधीन) होकर कर्म करते हैं। फिर इसमें रोक लगाने से क्या प्राप्त होगा, अर्थात् प्रकृति-अनुसरण का दमन करने से कुछ नहीं मिलेगा, प्रकृति मनुष्य पर अपना प्रभाव अवश्य डालेगी। (3/33)

प्रत्येक इंद्रिय तथा उसके विषय (भोग) के संबंध में राग व द्वेष की नियमानुसार व्यवस्था है।[2] मनुष्य को ऐसे राग-द्वेष के वशीभूत (अधीन) नहीं होना चाहिए, क्योंकि वे कल्याण मार्ग (आत्मबोध/आत्मसाक्षात्कार) में अवरोधक हैं। (3/34) [मनुष्य को राग-द्वेष के आधार पर नहीं, बल्कि

---

1. प्रकृति एक ऐसा मानसिक उपकरण है जिसे अपने साथ लिये हुए मनुष्य जन्म लेता है, अपने पूर्व कर्मों के परिणामस्वरूप। यह आवश्यक रूप से अपने मार्ग पर चलती है। सांख्य के अनुसार, ईश्वर भी इसके प्रचालन (व्यापार/कर्म) को नहीं रोक सकता। वह भी यह विधान बनाता है कि पूर्व कर्म अपने प्राकृतिक प्रभावों को उत्पन्न करते हैं। इसीलिए प्रकृति पर रोक लगाने का कोई लाभ नहीं हो पाता और ऐसी परिस्थिति में आत्मा केवल एक निष्पक्ष साक्षी (दर्शक) के रूप में बैठा होता है। यह श्लोक आत्मा पर प्रकृति की सर्वशक्तिमत्ता सुझाता है और यह चाहता है कि हम अपनी प्रकृति के अनुसार कार्य करें, क्योंकि हमारी प्रकृति हमारे अस्तित्व का विधान (कानून) है। परंतु इसका यह अर्थ नहीं है कि हमें अपने प्रत्येक आवेग (मनोवेग/आवेश) की संतुष्टि करनी चाहिए। वास्तव में यह हमारे लिए एक संकेत (निमंत्रण) है कि हम अपने सच्चे अस्तित्व को खोजें तथा उसे अभिव्यक्ति दें। हम अपने सच्चे अस्तित्व को दबा नहीं सकते। परंतु यदि हमारी प्रकृति नकारात्मक है अथवा उसमें कोई अन्य महत्त्वपूर्ण त्रुटियाँ हैं तो हमें निश्चय ही अपने प्रकृति-दोषों की गहराई तक जाना चाहिए और दोष-निवारण के लिए समुचित प्रयत्न करने चाहिए तथा दोषपूर्ण मनोवेगों पर समुचित नियंत्रण रखना चाहिए। जो दोषपूर्ण 'आदत' अभी 'प्रकृति' के रूप में परिवर्तित नहीं हुई है, उसे सदभ्यास से समाप्त करके 'अवांछनीय प्रकृति' के परिणाम तथा प्रभाव को सीमित करने का भरसक प्रयत्न करना चाहिए।
2. प्रकृति हमें राग-द्वेष के माध्यम से ही अपने मार्ग पर चलाती है।

अपनी बुद्धि (समझ) के अनुसार कर्म करने चाहिए और अपने मनोवेगों का शिकार नहीं होना चाहिए। यदि हम अपने मनोवेगों पर विजय पाने में समर्थ हो जाते हैं और केवल कर्तव्य की भावना से कर्म करते हैं तो हम प्रकृति की क्रीड़ा (गतिविधि) से प्रभावित नहीं होते। यह जानना महत्त्वपूर्ण है कि "मानवीय स्वतंत्रता का प्रयोग प्रकृति की आवश्यकताओं (अनिवार्यताओं) द्वारा अनुकूलित (प्रतिबंधित) तो है, परंतु निरस्त (रद्द) नहीं है।]"

मनुष्य को अपने धर्मानुसार (कर्तव्य के अनुकूल) कर्म करने चाहिए, दूसरे के धर्मानुसार नहीं। अपने धर्म का पालन करते हुए (कर्तव्य-कर्म करते हुए) यदि मृत्यु भी हो जाए तो वह भी श्रेष्ठ (कल्याणकारी) है। (उदाहरण के लिए, एक गृहस्थ व्यक्ति को गृहस्थ धर्म के अनुसार कर्म करने चाहिए, न कि एक ब्रह्मचारी अथवा वानप्रस्थी अथवा संन्यासी के धर्मानुसार। अर्जुन (एक क्षत्रिय) को धर्म-युद्ध करना था, न कि एक भिक्षु की तरह भीख माँगना अथवा एक कायर की भाँति युद्ध-स्थल से मुँह मोड़ना।) तब अर्जुन ने पूछा—हे वार्ष्णेय! फिर मनुष्य न चाहते हुए भी किसके द्वारा प्रेरित होकर पाप कर्म करता है? ऐसा लगता है जैसे उसे बलपूर्वक (जबरदस्ती) पाप कर्म में उसकी इच्छा के विरुद्ध लगाया (धकेला) जा रहा हो? (3/35-36)

भगवान् श्रीकृष्ण ने कहा कि मनोवेग अथवा भोगेच्छा के रूपवाले रजोगुण से काम (संयोगेच्छा) और (काम की संतुष्टि में बाधा से) क्रोध उत्पन्न होते हैं, जो दोनों सर्वभक्षी तथा महान् पापी हैं और इन्हें इस संसार में महान् शत्रु जानो, जो पाप की ओर प्रेरित करते हैं। जिस प्रकार धुएँ से अग्नि और मैल (धूल) से दर्पण ढका रहता है तथा जिस प्रकार गर्भ से भ्रूण ढका रहता है, उसी प्रकार काम के द्वारा ज्ञान ढका रहता है। इस प्रकार ज्ञानी का ज्ञान इस काम रूपी नित्य (शाश्वत = हमेशा बने रहनेवाले) शत्रु से ढका रहता है और यह काम कभी संतुष्ट

नहीं होता तथा सदा अग्नि के समान जलता रहता है।[1] इद्रियाँ, मन तथा बुद्धि : ये सब इसके निवास स्थान कहे जाते हैं। यह काम मनुष्यों की इंद्रियाँ, मन और बुद्धि के द्वारा ही उनके ज्ञान को ढककर उन्हें मोहित (भ्रमित) कर देता है। इसलिए मनुष्य को प्रारंभ में ही अपनी इंद्रियों को नियमित (नियंत्रित) करके इस पाप के प्रतीक और ज्ञान-विज्ञान (आत्मा के व्यवस्थित व तर्कसंगत ज्ञान) के विनाशक काम को बलपूर्वक मार डालना चाहिए अर्थात् उसका दमन करना चाहिए। इंद्रियों को स्थूल शरीर (जड़ पदार्थ) से श्रेष्ठ कहा जाता है। इंद्रियों से श्रेष्ठ मन है, मन से श्रेष्ठ बुद्धि है तथा बुद्धि से श्रेष्ठ वह (आत्मा) है।[2] [इसका निहितार्थ यह है कि चेतना (संज्ञान/बोध) को धीरे-धीरे, सीढ़ी-दर-सीढ़ी अनिवार्य रूप से उन्नत करते रहना चाहिए। जितने उच्चतर हम पहुँचते जाएँगे, उतना ही अधिक हम अपनी इंद्रियों से तथा इंद्रिय-विषयों से स्वतंत्र होते जाएँगे। जब हम अपनी इंद्रियों के प्रभाव में रहकर कर्म करते हैं तब हम न्यूनतम स्वतंत्र होते हैं; पर जैसे-जैसे हम इंद्रियों के पश्चात् आगे मन, बुद्धि आदि की ओर बढ़ते जाते हैं, वैसे-वैसे उत्तरोत्तर हम और अधिक स्वतंत्र होते जाते हैं और हमको सर्वोत्तम स्वतंत्रता तब प्राप्त होती है जब हमारे समस्त कर्म आत्मा से

1. ''काम के विषयों (भोगों) का उपभोग करने के बाद भी मनुष्य का यह काम कभी संतुष्ट नहीं होता; यह अधिकाधिक बढ़ता रहता है, उस अग्नि की भाँति जिसमें और ईंधन डाला जाता है।'' (मनुस्मृति, 2/94)। इसी प्रकार इंद्रियजन्य (कामुक) भोग-विलास (ऐश/मौज-मस्ती) के लिए स्पिनोज़ा ने कहा है, ''यह हमें जितना अधिक मिलता है, हम इसे उतना और अधिक चाहते हैं।'' बेनेडिक्टस डि स्पिनोज़ा, (1632-1677) 'डि इंटलौक्टस इमैंडेशन'—'इमैंडेशन ऑफ दि इंटलैक्ट' पर एक निबंध, जो उसकी मृत्यु के बाद 1677 में प्रकाशित हुआ।
2. कठोपनिषद् : ''इंद्रियों की अपेक्षा उनके विषय श्रेष्ठ हैं, विषयों से श्रेष्ठ मन है, मन से श्रेष्ठ बुद्धि है और बुद्धि से भी महान् आत्मा (महत्तव) श्रेष्ठ है।'' (1/3/10) एक दूसरे स्थान पर : ''इंद्रियों से मन श्रेष्ठ है, मन से बुद्धि श्रेष्ठ है, बुद्धि से महान् आत्मा (महत्त्व) श्रेष्ठ है तथा महान् आत्मा से अव्यक्त (ब्रह्म) श्रेष्ठ है।'' (2/3/7)

व्याप्त बुद्धि द्वारा निश्चित किए जाते हैं।] इस प्रकार मनुष्य को बुद्धि से श्रेष्ठ आत्मा को जानकर, बुद्धि के द्वारा अपने मन को स्थिर करके अपनी आध्यात्मिक शक्ति के माध्यम से इस काम रूपी दुर्जय (जिसे जीता न जा सके) शत्रु को जीतना चाहिए। (3/37-43)।

निष्कर्ष : कर्मयोग का अर्थ है निष्काम-भाव से निरंतर अपने नियत कर्मों को संपन्न करते रहना तथा निष्काम कर्म को ही ईश्वर की पूजा-अर्चना-भक्ति समझना और निष्काम सेवा करते हुए ही ईश्वर को प्राप्त कर लेना। कर्मयोगी कर्मों से संन्यास नहीं लेता, जैसाकि ज्ञानयोगी करता है। साथ ही, ज्ञानयोगी केवल आत्म-परमात्म विचार में ही डूबा रहता है। इस प्रकार कर्मयोग ज्ञानयोग से श्रेष्ठ है और सरल भी।

□

कर्मसंन्यास

कर्मसंन्यास (सांख्ययोग/ज्ञानयोग) तथा कर्मयोग दोनों में कौन अधिक अच्छा?

(कौन अधिक अच्छा है—एकांत में जाकर बुद्धि की खोज करना अथवा संसार में रहकर निस्स्वार्थ सेवा करना?)

अर्जुन ने कहा—हे कृष्ण! आप पहले कर्मसंन्यास की और फिर कर्मयोग की प्रशंसा करते हैं। इसलिए भलीभाँति सुनिश्चित करके मुझको बताइए कि इन दोनों में कौन सा अधिक अच्छा है? इस पर भगवान् श्रीकृष्ण ने कहा कि कर्मसंन्यास और कर्मयोग, ये दोनों ही आत्मा के मोक्ष के लिए हैं; परंतु इन दोनों में से कर्मयोग श्रेष्ठ है। (क्योंकि कर्म न करने की अपेक्षा कर्म करना श्रेष्ठ है—3/8)।[1] जो पुरुष न किसी से द्वेष रखता है और न किसी की आकांक्षा (इच्छा) रखता है, ऐसे कर्मयोगी को सदा संन्यासी ही जानना चाहिए, क्योंकि वह राग-द्वेष आदि द्वंद्वों से रहित होकर कर्म करता है, जिससे वह सुखपूर्वक (आसानी से) पूर्णतया

1. सांख्य कर्मसंन्यास पर बल देता है और योग कर्मयोग पर। सच्चा संन्यासी वह नहीं है, जो पूर्णरूप से अकर्मण्य (निष्क्रिय) रहता है, बल्कि वह है जो अनासक्त होकर निष्काम भाव से कर्म करता है। संन्यास एक मानसिक अभिवृत्ति (मनोवृत्ति) है, जिसका अर्थ है कर्म में फलेच्छा का त्याग। सच्चा कर्म तो वह कर्म है, जिसे सभी इच्छाओं को त्यागकर अर्थात् उनसे संन्यास लेकर किया जाए। इसीलिए कर्मयोग को कर्मसंन्यास से श्रेष्ठ कहा गया है।

बंधन-मुक्त हो जाता है, अर्थात् मोक्ष प्राप्त कर लेता है (क्योंकि वह अनासक्त होकर निष्काम कर्म करता है)। (5/1-3)

सांख्य (संन्यास=ज्ञानयोग) और योग (कर्मयोग) को अज्ञानी लोग ही पृथक्-पृथक् बताते हैं, विद्वान् लोग नहीं; क्योंकि इनमें से किसी भी एक में स्थित मनुष्य दोनों से मिलनेवाले फल (अर्थात् मोक्ष/परमात्मा) को प्राप्त कर लेता है। सांख्य के द्वारा, अर्थात् ज्ञानयोगियों के द्वारा जो स्थान (परमधाम=परमात्मा का निवास-स्थान) प्राप्त किया जाता है, कर्मयोगी भी उसी स्थान को प्राप्त करते हैं। इसलिए जो मनुष्य सांख्य (ज्ञानयोग=संन्यास) तथा योग (कर्मयोग) दोनों को (फल-रूप में) एक ही देखता है, वही (यथार्थ) देखता है।[1] परंतु यह ध्यान देने योग्य है कि कर्मयोग के बिना संन्यास दुःखपूर्ण होता है—अर्थात् केवल समस्त कर्मों का त्याग करने से कोई मनुष्य सुखी नहीं रह सकता। (क्योंकि कर्मयोग में मनुष्य कर्म करते हुए भी 'कर्तापन के त्याग' का सुख प्राप्त करता है; ऐसा सुख उस मनुष्य को कहाँ से मिलेगा जिसने संपूर्ण कर्मों को ही छोड़ दिया हो?) योग-युक्त तपस्वी/चिंतक अर्थात् कर्मयोगी ब्रह्म को शीघ्र ही प्राप्त कर लेता है। (5/4-6)

जो योग-युक्त (कर्मयोगी) है, विशुद्ध (पवित्र=निष्पाप) आत्मा है, जिसने अपनी आत्मा को जीत लिया है (और इस प्रकार अपने मन पर पूर्ण नियंत्रण कर लिया है), जिसने अपनी इंद्रियों को जीतकर उनपर काबू पा लिया है तथा जिसका आत्मा समस्त प्राणियों का आत्मा बन गया है—अर्थात् जो समस्त प्राणियों में वही आत्मा देखता है, जो आत्मा उसके शरीर में है, ऐसा कर्मयोगी कर्म करते हुए भी उनमें लिप्त (आसक्त/डूबा हुआ) नहीं होता, अर्थात् वह अपने कर्मों से दूषित नहीं होता

---

1. महाभारत : "निश्चय ही जो कुछ हम योग (कर्मयोग) से देखते हैं, वह सांख्य (कर्मसंन्यास= ज्ञानयोग) से भी दिखाई देता है। सांख्य और योग दोनों एक ही हैं और दोनों जिस तत्त्व (आत्मा/परमात्मा) को देखते हैं, वह भी एक ही है।" (शांतिपर्व, 305/19, 316/4)

(क्योंकि वह आंतरिक रूप से समस्त कर्मों को त्याग देता है, बाह्य रूप से नहीं)। जो युक्त (कर्मयोगी) तत्त्व (आत्मा/परमात्मा) को जान गया है, वह देखता हुआ, सुनता हुआ, स्पर्श करता हुआ, सूँघता हुआ, भोजन करता हुआ, पैदल चलता हुआ, सोता हुआ, श्वास लेता हुआ, बोलता हुआ, उत्सर्जन करता (निकालता) हुआ, ग्रहण करता हुआ तथा आँखों को खोलता और मूँदता हुआ, यह सोचता है कि निश्चय ही इनमें से 'मैं कुछ भी नहीं करता हूँ', क्योंकि वह यह मानता है कि इन सब कर्मों में विभिन्न इंद्रियाँ अपने-अपने अर्थों (कर्मों) में व्यक्त हैं, अर्थात् आत्मा/परमात्मा कुछ नहीं करता। (5/7-9)

जो मनुष्य अपने समस्त कर्मों को ब्रह्म में अर्पण करके और आसक्ति को त्यागकर करता है, वह उसी प्रकार पाप से लिप्त (दूषित) नहीं होता जिस प्रकार कमल के पत्ते को जल प्रभावित नहीं कर पाता, क्योंकि जल की बूँद उस पर ठहरे हुए भी उससे अलग रहती है। कर्मयोगी केवल शरीर, मन, बुद्धि और इंद्रियों से आसक्ति को त्यागकर अपने आत्मा की शुद्धि के लिए कर्म करते हैं। युक्त (कर्मयोगी) कर्म-फल को त्यागकर अचल (स्थिर) शांति प्राप्त करता है और अयुक्त (जिसकी आत्मा परमात्मा से नहीं मिली हुई, सकाम कर्मोंवाला मनुष्य) फल से आसक्त हुआ सकाम कर्म करता है। इसीलिए अपने कर्मों से बँधता है (अर्थात् मोक्ष प्राप्त नहीं करता)। (5/10-12)

जब देहधारी (आत्मा) अपनी प्रकृति को वश में करके मन से (आंतरिक रूप से/सच्ची प्रकार से) समस्त कर्मों को त्याग देता है तब ऐसा संन्यासी (ज्ञानयोग का आचरण करनेवाला) मनुष्य न कोई कर्म करता हुआ और न कोई कर्म करवाता हुआ ही नवद्वारों[1] वाले नगर

1. शरीर के नौ द्वार ये हैं—दो आँख, दो कान, दो नासारंध्र (नथने), एक मुँह तथा दो मलोत्सर्जन और प्रजनन के अंग। परंतु कठोपनिषद् में आत्मा के नगर (अर्थात् शरीर) को 'ग्यारह द्वारों वाला' कहा गया है। शरीर के पूर्वोक्त नौ द्वारों में दो और द्वार ये जोड़े गए

(शरीर) में सुख से रहता है। (5/13)

परमात्मा मनुष्यों के न तो कर्तापन की, न कर्मों की और न कर्म-फल के संयोग (मिलन) की रचना करते हैं, बल्कि ये सब स्वभाव के कारण, अर्थात् प्रकृति के तीन गुणों (सत, रज व तम) के कारण ही जारी रहते हैं (कर्मसंन्यासी तथा कर्मयोगी दोनों ही इस तथ्य को जानते हैं)। (5/14)

निष्कर्ष : कर्मसंन्यास अर्थात् ज्ञानयोग में मनुष्य संसार को त्यागकर एकांत में जाकर आत्मा-परमात्मा की खोज में लगा रहता है; जबकि दूसरी ओर कर्मयोग में मनुष्य इस संसार में रहकर ही निस्स्वार्थ सेवा के माध्यम से ईश्वर की प्राप्ति में लगा रहता है। इस प्रकार कर्मयोग कर्मसंन्यास से श्रेष्ठ है।

□

प्रतीत होते हैं—एक नाभि तथा एक ब्रह्मरंध्र—अर्थात् मस्तिष्क के ऊपरी भाग में सुषुम्ना, इंगला, पिंगला आदि नाड़ियों का मिलन-स्थल, जो सिर पर चोटी के स्थान पर होता है, जहाँ से आत्मा मनुष्य की मृत्यु होने पर उसका शरीर छोड़कर निकलती है। (2/2/1)

भक्तियोग

सुख-शांति एवं मोक्ष प्राप्त करने के पूर्वोक्त दो वैकल्पिक मार्गों—ज्ञानयोग एवं कर्मयोग—के अतिरिक्त तीसरा वैकल्पिक मार्ग है भक्तियोग।

मर्म (तत्त्व) अर्थात् आत्मा-परमात्मा को जाने बिना किए हुए अभ्यास (भक्तियोग के विधि-विधानानुसार पूजा-पाठ) से ज्ञान (ज्ञानयोगी) श्रेष्ठ है; ज्ञान से 'परमात्मा के स्वरूप का चिंतन' (ध्यान), अर्थात् भक्तियोग श्रेष्ठ है और चिंतन (ध्यान) से 'कर्म-फल का त्याग', अर्थात् निष्काम कर्मयोग श्रेष्ठ है।[1] (12/12) दूसरे शब्दों में गीतानुसार, जीवन में सुख-शांति और जीवनोपरांत मोक्ष प्राप्त करने के लिए निष्काम कर्मयोग सर्वश्रेष्ठ है।

अर्जुन ने पूछा कि जो अनन्य भक्तजन निरंतर युक्त होकर आपकी उपासना करते हैं (अर्थात् ईश्वर के सगुण रूप[2] का भजन-ध्यान करते हैं) और दूसरे वे जो केवल अक्षर (अविनाशी) एवं अव्यक्त (अप्रकट) निराकार ब्रह्म की उपासना करते हैं, इन दोनों प्रकार के उपासकों में से

---

1. सूर्य गीतानुसार : "भक्ति ज्ञान से बेहतर है और कामना-रहित (इच्छा-रहित) कर्म भक्ति से बेहतर है। जो वेदांत के इस सिद्धांत को पूर्ण रूप से समझ लेता है उसे सर्वोत्तम पुरुष मानना चाहिए।" (2/4, 77)
2. अपने-अपने इष्ट देवों के स्वरूप।

कौन उपासक योग में महत्तर हैं? (12/1)

भगवान् श्रीकृष्ण ने कहा—जो भक्तजन अपने मन को मुझमें (मेरे सगुण रूप में) स्थिर करके, एकाग्रचित्त होकर, श्रेष्ठ श्रद्धापूर्वक तथा गंभीरता से नित्य मेरे सगुण रूप की उपासना करते हैं, मैं उन्हें योग में परम सिद्ध मानता हूँ, परंतु जो भक्तजन अविनाशी, अपरिभाष्य[1] (अकथनीय), अप्रकट, सर्वव्यापी, अचिंतनीय (अकल्पनीय), अपरिवर्तनीय, स्थिर, नित्य (शाश्वत) ब्रह्म[2] को, अपनी समस्त इंद्रियों को वश में करके तथा सभी दशाओं में समबुद्धि रखकर (अर्थात् सुख-दुःख, हानि-लाभ, हार-जीत आदि द्वंद्वों से प्रभावित न होकर) और समस्त प्राणियों के हित (कल्याण) में संलग्न होकर भजते हैं वे ब्रह्म (परमात्मा) को निश्चय ही प्राप्त करते हैं। लेकिन जिन भक्तजनों का मन अव्यक्त (निराकार) ब्रह्म के प्रति आसक्त है, उन्हें अत्यधिक कष्ट होता है (अर्थात् विशेष परिश्रम करना पड़ता है), क्योंकि देहधारी मनुष्यों द्वारा अव्यक्त (निराकार) को प्राप्त करने में निश्चय ही अत्यंत दुःख (कठिन परिश्रम) के साथ प्रगति होती है। [इसका निष्कर्ष यह निकलता

---

1. समाधि अवस्था में उपासक को ब्रह्म का जो रूप दीख पड़ता है वह ऐसा है जैसा अग्नि की ज्वाला हो, एकदम चमकी विद्युत् की लपट हो आदि-आदि। बस, इसके आगे ब्रह्म के विषय में 'नेति, नेति' (यह भी नहीं, यह भी नहीं) कहा गया है। उसका ऐसे ही निरूपण किया जा सकता है। कोई स्पष्ट परिभाषा नहीं दी जा सकती। (वृहदारण्यक उपनिषद्, 2/3/6; 3/9/26)
2. हमारे उपनिषद् ब्रह्म की उपासना का आदेश करते हैं और ब्रह्म को निराकार बताते हैं; आत्मा को उसका अंश और प्रकाश को उसका रूप कहते हैं। (विशेष रूप से केनोपनिषद् छांदोग्योपनिषद्, ऐतरेयोपनिषद्, कठोपनिषद्, तैत्तिरीयोपनिषद् तथा प्रश्नोपनिषद्।) उदाहरणार्थ, ब्रह्मतत्त्व को कठोपनिषद् में 'ज्योतिरिवाधूमक = ज्योतिः इव अधूमकः' कहा गया है, अर्थात् ऐसी ज्योति, जिसमें कोई धुआँ (विकार) नहीं। (2/1/13) इसी प्रकार—"जो अंगुष्ठ मात्र आत्मा शरीर के मध्य में स्थित है, निश्चय ही वह ब्रह्मतत्त्व है।" (कठोपनिषद् 2/1/12)। "जीवात्मा के द्वारा परमात्मा को प्राप्त करो।" (यजुर्वेद, 32/11) 'ओमित्येकाक्षरं ब्रह्म', अर्थात् ॐ अक्षर ही ब्रह्म है। (गीता 8/3,13; 9/17; 10/25 तथा कठोपनिषद् 1/2/16) "ब्रह्म अपने स्वभाव से अध्यात्म (जीवात्मा) कहलाता है।" (गीता 8/3)

है कि निराकार की उपासना साकार की उपासना से बेहतर है; परंतु तुलनात्मक रूप से अत्यंत कठिनतर है। महात्मा बुद्ध तथा महात्मा महावीर स्वामी (जिनको धर्मानुयायी भगवान् मानते हैं) दोनों ने निराकार का वर्षों तक चिंतन (गहन उपासना) करके प्रबोधन (ज्ञानोदय) प्राप्त किया और मोक्ष (कैवल्य) प्राप्त किया। गीता के अन्य कई अध्यायों में दिए गए श्लोकों के अर्थ इसी निष्कर्ष को बल प्रदान करते हैं, स्थापित करते हैं।] (12/2-5)

जो भक्त जिस प्रकार से ईश्वर की शरण में जाता है (ईश्वर को भजता है), निश्चय ही ईश्वर उसको उसी प्रकार से भजता है (प्रकट होता है/फल देता है); क्योंकि सभी मनुष्य सब प्रकार से ईश्वर के मार्ग का ही अनुसरण करते हैं। (4/11) [यहाँ गीता की उदारता दृष्टिगोचर होती है कि ईश्वर प्रत्येक अभिलाषी (साकार/सगुण अथवा निराकार/निर्गुण स्वरूपों की उपासना करनेवाले भक्त) से कृपादृष्टि के साथ मिलता है और उसकी इच्छा-पूर्ति करता है। इस प्रकार प्रत्येक व्यक्ति अपने आराध्य देव की पूजा करने के लिए स्वतंत्र है; परंतु यदि निराकार की उपासना बेहतर है तो इसका अर्थ यह हुआ कि मनुष्य को देव-नाम और देव-आकार को निराकार तक पहुँचने की एक सीढ़ी मात्र की भाँति उपयोग में लाना चाहिए। हिंदू विचारक यह जानते हैं कि अंतिम वास्तविकता (अर्थात् ईश्वर) का यथार्थ चित्र (वर्णन) देने के लिए तर्कपूर्ण कारण देने का प्रयत्न करना आसान नहीं है। तत्त्व-मीमांसा (सैद्धांतिकी) के दृष्टिकोण से ईश्वर का कोई भी प्रकटीकरण निरपेक्ष रूप से सत्य नहीं माना जा सकता, जबकि अनुभव की दृष्टि से (अर्थात् व्यावहारिक रूप में) **प्रत्येक**

---

1. केनोपनिषद् : ''नाहं मन्ये सुवेदेति नो न वेदेति वेद च।'' अर्थात् मैं न तो यह मानता हूँ कि ब्रह्म को अच्छी तरह जानता हूँ और न यही समझता हूँ कि उसे नहीं जानता। (2/2) इस प्रकार वे ऋषि-मुनि जिन्होंने अपना संपूर्ण जीवन ईश्वर को समझने तथा खोजने में समर्पित कर दिया, वे भी उसके संबंध में स्पष्ट रूप से अधिक नहीं जान पाए। बाइबिल

प्रकटीकरण में कुछ वैधता हो सकती है।[1] जिन देवताओं की हम पूजा करते हैं, उससे इतना तो अवश्य होना चाहिए कि हम अपने अंदर स्थित आत्मा का बोध कर सकें। वास्तव में 'गीता' निष्काम कर्म को श्रेष्ठतम मानती है, वह किसी धर्म विशेष के बारे में नहीं बोलती। इसका अर्थ यह हुआ कि यदि कोई मनुष्य 'निष्काम सेवा' को अपना आधार बना ले, अपना लक्ष्य बना ले तो समझो कि उसने ब्रह्म को 'कर्म' में—जीवन में—ला उतारा है; फिर चाहे वह देवताओं की उपासना करे अथवा निराकार ईश्वर की, इस बात से कोई अंतर नहीं पड़ता—निश्चय ही उसे सुख-शांति तथा मोक्ष की प्राप्ति होगी।]

इस संसार में सकाम कर्मों की सिद्धि चाहनेवाले लोग देवताओं का पूजन किया करते हैं, क्योंकि इस मनुष्यलोक में शीघ्र ही कर्मों के फल की सिद्धि हो जाती है। (4/12) ऐसे ज्ञानहीन मनुष्य, जिनके मन भौतिक कामनाओं (भोगेच्छाओं) के द्वारा विकृत हो गए हैं वे (ईश्वर को छोड़कर) अन्य देवताओं की शरण में जाते हैं और अपने स्वभाव के वशीभूत होकर भिन्न-भिन्न प्रकार के विधि-विधानों का पालन करते हैं। जो-जो सकाम भक्त जिस-जिस देवता के स्वरूप को चाहता है, उस-उस भक्त की श्रद्धा को ईश्वर उसी देवता के प्रति स्थिर कर देता है। वह भक्त उस श्रद्धा से युक्त होकर उस देवता की आराधना करने की आकांक्षा करता है (प्रयत्न करता है) और अपनी इच्छाओं को प्राप्त करता है; परंतु उन इच्छाओं की पूर्ति की व्यवस्था निस्संदेह ईश्वर के द्वारा ही की जाती है। परंतु उन अल्प बुद्धिवाले भक्तों का वह फल नाशवान् होता है तथा देवताओं को पूजनेवाले भक्त देवताओं को प्राप्त

में भी लिखा है— 'परमेश्वर को किसी ने कभी नहीं देखा।' (जॉन, 1/18); ''परमेश्वर आत्मा है, और जो उसकी उपासना करते हैं उन्हें अवश्य ही आत्मा और सच्चाई से उसकी उपासना करनी चाहिए।'' (जॉन, 4/24)

होते हैं और ईश्वर के भक्त ईश्वर को प्राप्त होते हैं। (7/20-23)

बुद्धिहीन (नासमझ) मनुष्य ईश्वर के अव्यक्त (अप्रकट/निराकार) स्वरूप को व्यक्त (साकार) स्वरूप में प्रकट हुआ मानते हैं और ईश्वर के परमभाव (श्रेष्ठ स्वभाव) को नहीं जानते, जो अव्यय (अनश्वर/अपरिवर्तनीय) और सर्वोच्च है। अपनी योग माया से छिपा हुआ ईश्वर सबके लिए प्रत्यक्ष (प्रकट) नहीं होता, इसलिए मूर्ख (अज्ञानी) जनसमुदाय जन्म-रहित व अव्यय (अविनाशी/अपरिवर्तनीय) ईश्वर को नहीं जानता। ईश्वर समस्त प्राणियों को जानता है, लेकिन ईश्वर को कोई नहीं जानता। समस्त प्राणी जन्म लेकर इच्छा और द्वेष से उत्पन्न सुख-दुःख आदि द्वंद्व रूप मोह (भ्रम) को प्राप्त होते हैं। परंतु जिन मनुष्यों का पाप पूर्णतया नष्ट हो गया है और जिन्होंने पुण्य कर्म किए हैं, वे राग-द्वेष से उत्पन्न द्वंद्व रूप मोह (भ्रम) से मुक्त होकर दृढ़ निश्चय के साथ ईश्वर को भजते हैं। जो वृद्धावस्था तथा मृत्यु से मोक्ष (मुक्ति) चाहते हैं, वे ईश्वर का आश्रय (शरण) लेते हैं और वे ब्रह्म को, संपूर्ण अध्यात्म को और संपूर्ण कर्म को जानते हैं। (7/24-30)

तीनों वेदों[1] के जाननेवाले, जो सोमरस पीते हैं और पाप-रहित हैं,[2] यज्ञों द्वारा ईश्वर की पूजा करते हैं और (ऐसे सकामकर्मी लोग) स्वर्ग में जाने की (स्वर्ग प्राप्त करने की) प्रार्थना करते हैं, वे अपने

---

1. गीताकाल तक केवल तीन वेद ही थे—ऋग्वेद, यजुर्वेद, सामवेद। चौथा वेद 'अथर्ववेद' बाद में, परंतु वैदिक काल ही में जोड़ा गया था।
2. इसका अर्थ है कि सोमरस पीनेवालों को गीता में पापी नहीं माना गया है। मनु ने भी कहा है—"न मांस भक्षणे दोषो न मद्ये न च मैथुने; अर्थात् मांस खाना, मद्यपान करना और मैथुन करना कोई (सृष्टिकर्म-विरुद्ध) दोष नहीं हैं।" (मनुस्मृति, 5/56) [परंतु ऐसा प्रतीत होता है कि इनमें देश, काल, परिस्थिति तथा पात्र की भिन्नता करना आवश्यक है।] उदाहरणार्थ गीता कहती है—'धर्माविरुद्धो भूतेषु कामोऽस्मि' अर्थात् समस्त प्राणियों में धर्म के अविरुद्ध (अर्थात् धर्म के अनुकूल) काम अर्थात् भोगेच्छा ईश्वर-स्वरूप ही है।" (7/11) **बाइबिल** के अनुसार—"जो मुँह में जाता है, वह मनुष्य को दूषित (अशुद्ध) नहीं करता, पर जो मुँह से निकलता है, वही मनुष्य को दूषित करता है।" (मैथ्यू, 15/11)।

पुण्यों के फलस्वरूप पवित्र इंद्रलोक (स्वर्गलोक) को प्राप्त करते हैं और दैवी स्वर्ग में देवताओं के भोगों (आनंदों) को भोगते हैं। वे विशाल स्वर्गलोक को भोगकर अपने पुण्य क्षीण होने (समाप्त होने) पर पुनः इस मृत्युलोक में (पृथ्वी पर) प्रवेश करते हैं (वापस लौट आते हैं)।

इस प्रकार तीनों वेदों के धर्म (सिद्धांतों) का पालन करते हुए भोग (इंद्रिय-सुख) की कामना करनेवाले मनुष्य बार-बार आवागमन को प्राप्त होते हैं, अर्थात् पुण्य के प्रभाव से स्वर्ग में जाते हैं और पुण्य समाप्त होने पर इस संसार में आते-जाते हैं। (इसका तात्पर्य यह है कि सकामकर्मी विद्वानों को ईश्वर की पूजा करने पर भी मोक्ष नहीं मिलता, केवल उनकी स्वर्ग-कामना की पूर्ति होती है।) परंतु जो अनन्यभाव (निष्काम भाव) से ईश्वर का चिंतन करते हुए ईश्वर की उपासना करते हैं, उन निरंतर ईश्वर की भक्ति में लीन रहनेवाले मनुष्यों के अभाव (आवश्यकताओं) की पूर्ति तथा उनके पास जो कुछ भी है उसकी रक्षा करने का उत्तरदायित्व स्वयं ईश्वर वहन करता है। यद्यपि जो (सकाम) भक्त श्रद्धापूर्वक अन्य देवताओं[1] को पूजते हैं, वास्तव में वे भी मुझको ही पूजते हैं, किंतु उनका वह पूजन अविधिपूर्ण (अज्ञानपूर्ण/त्रुटिपूर्ण) है; क्योंकि ईश्वर ही समस्त यज्ञों का भोक्ता और स्वामी है; परंतु वे ईश्वर को तत्त्व से (उसके स्वभाव से/उसकी वास्तविकता से) नहीं जानते, इसी कारण वे गिरते हैं, अर्थात् पुनर्जन्म को प्राप्त होते हैं। देवताओं को पूजनेवाले देवताओं को प्राप्त होते हैं, पितरों को पूजनेवाले पितरों

---

1. ब्रह्म (ईश्वर) देवताओं से ऊपर हैं; देवता स्वयं ब्रह्म को पूजते हैं : ये बातें उपनिषदों में स्पष्ट हैं—'ब्रह्म में संपूर्ण देवता अर्पित हैं।' (कठोपनिषद् 2/1/9)। "ब्रह्म की सब देव उपासना करते हैं।"—'विश्वे देवा उपासते।' (कठोपनिषद् 2/2/3)। "ब्रह्म ने देवताओं के लिए विजय प्राप्त की।" (केनोपनिषद् 3/1)।
2. कुछ लोग यह विश्वास करते हैं कि उपासना का परिणाम उपासिता स्वरूप के साथ आत्मसात्करण (स्वांगीकरण/समावेश) होता है। कोई भी भक्ति अपना सर्वोत्तम पुरस्कार (प्रतिफल) देने में असफल नहीं होती है। लघुतर भक्ति (देवताओं की पूजा) लघुतर

को प्राप्त होते हैं, भूत-प्रेतों को पूजनेवाले भूत-प्रेतों को प्राप्त होते हैं और ईश्वर का पूजन करनेवाले भक्तजन ईश्वर को ही प्राप्त होते हैं।[2] (9/20-25) ईश्वर को प्राप्त होकर पुनर्जन्म नहीं होता। (8/16) (स्पष्ट है कि देवताओं को पूजने से मोक्ष प्राप्त नहीं होता, ईश्वर को पूजने से ही मोक्ष प्राप्त होता है।)

ब्रह्म (ईश्वर) से बढ़कर कोई नहीं है। न तो देवतागण और न महर्षि ही ईश्वर के आरंभ (उत्पत्ति) या ऐश्वर्य को जानते हैं, क्योंकि ईश्वर सभी प्रकार से देवताओं और महर्षियों का स्रोत (उद्गम स्थान) है। ईश्वर अनादि है, अजन्मा है, लोकों का स्वामी है, संपूर्ण उत्पत्ति का कारण है, सर्वव्यापी है, देवों का भी आदिदेव है। उसके स्वरूप को न देवता जानते हैं और न दानव। वह देवों का देव है। वह सभी प्राणियों के हृदय में स्थित आत्मा है और समस्त प्राणियों का आदि, मध्य और अंत है। वह सूर्य व चंद्रमा है। वह सभी प्राणियों की चेतना (जीवन-शक्ति) है तथा वह सृष्टियों का आदि, मध्य और अंत है। (10/2-41)

जो मनुष्य अपने समस्त कर्मों को ईश्वर में त्यागकर (ईश्वर को अर्पित करके) और उसमें अति आसक्त होकर ईश्वर के सगुण (साकार) रूप का अनन्य भक्तियोग से ध्यान करते हुए उसकी उपासना करते हैं, सगुण ईश्वर में उन चित्त लगानेवाले भक्तों को ईश्वर शीघ्र ही इस मृत्यु रूपी संसार-सागर से उद्धार करनेवाला बन जाता है। (12/6-7)

पुरस्कार देती है, जबकि परमात्मा की भक्ति श्रेष्ठतम पुरस्कार देती है। सच्ची धार्मिक भक्ति परमात्मा की खोज में ही होती है। परंतु मुझे ऐसा लगता है कि दिव्य प्रेम (परमात्मा-प्रेम) के प्रति चेतन होने के लिए अन्य सभी प्रेम (देवताओं का प्रेम) त्यागना होगा। राबिया बाल्खी (प्रथम पर्शियन कवयित्री राजकुमारी) से एक बार पूछा गया, ''क्या तुम सर्वशक्तिमान ईश्वर से प्रेम करती हो?'' उसने कहा, ''हाँ''; फिर पूछा गया, ''क्या तुम शैतान से घृणा करती हो?'' उसने उत्तर दिया, ''ईश्वर के प्रति मेरा प्रेम मुझे शैतान से घृणा करने की फुरसत (अवकाश) ही नहीं छोड़ता।'' (आर.ए. निकल्सन : 'ए लिटरेरी हिस्ट्री ऑफ दि अरब्स'।) (1930, 234)

जो भक्त संपूर्ण कर्मों को ईश्वर को अर्पण करनेवाला (निष्काम भाव से कर्म करनेवाला), ईश्वर को श्रेष्ठतम मानकर उससे निष्काम प्रेम करनेवाला, आसक्ति-रहित (मोह-त्यागी), तथा संपूर्ण प्राणियों से वैर न रखनेवाला हो, वही अंत में ईश्वर को प्राप्त होता है अर्थात् मोक्ष प्राप्त करता है। (11/55)

भक्त को अपने को मन को स्थिर करके अपनी बुद्धि को ईश्वर में लगाना चाहिए। यदि वह मन को ईश्वर में स्थित करने में समर्थ नहीं है तो उसे अभ्यासयोग (बारंबार एकाग्रता के अभ्यास) द्वारा ईश्वर को प्राप्त करने की इच्छा करनी चाहिए। यदि भक्त अभ्यास में भी असमर्थ है तो वह ईश्वर के निमित्त कर्म करके भी सिद्धि (पूर्णता) को प्राप्त करेगा, अर्थात् शाश्वत वास्तविकता (परमात्मा) को जान लेगा। यदि वह ईश्वर के लिए कर्म करने में भी असमर्थ है तो उसे समस्त कर्मों के फलों का त्याग करना चाहिए और आत्मस्थित होने का प्रयत्न करना चाहिए। कर्मों के फल का त्याग करने से उसे तत्काल ही शांति प्राप्त होगी। (12/8-12)

ईश्वर को भजनेवाले भक्त चार प्रकार के होते हैं—(i) आर्त अर्थात् विपदाग्रस्त या पीड़ित (ii) अर्थार्थी अर्थात् धन-दौलत चाहनेवाले (iii) जिज्ञासु अर्थात् ईश्वर को यथार्थ रूप से जानने की इच्छा रखनेवाले तथा (iv) ज्ञानी अर्थात् वे बुद्धिमान जन, जो ईश्वर के तत्त्व को जानते हैं। इनमें से ईश्वर में एकनिष्ठ भक्तिभाव से निरंतर जुड़ा हुआ ज्ञानी भक्त विशिष्ट (सर्वश्रेष्ठ) है। निश्चय ही ज्ञानी को ईश्वर अत्यधिक प्रिय है और ईश्वर को ज्ञानी प्रिय है। ये सभी उदार[1] हैं; परंतु ज्ञानी तो साक्षात् ईश्वर का स्वरूप है, क्योंकि वह युक्तात्मा (ईश्वर में आसक्त पुरुष) ईश्वर में स्थित होकर ईश्वर को ही सर्वोच्च लक्ष्य मानता है। बहुत जन्मों के बाद अंतिम जन्म

---

1. "केवल अच्छा न बनो, कुछ बात (किसी बात) के लिए अच्छा बनो।" (हेनरी डेविड थोरो)

में तत्त्वज्ञान को प्राप्त करनेवाला ज्ञानी परमात्मा को सर्वोच्च जानकर उसी की शरण में जाता है। ऐसा महात्मा अत्यंत दुर्लभ है। (7/16-19)

ईश्वर को कैसा भक्त प्रिय है? जो मनुष्य किसी से द्वेषभाव (शत्रुता) नहीं रखता, सभी प्राणियों से मैत्रीभाव रखता है और उनके प्रति दयालु है, ममता-रहित (आसक्ति-रहित) है, अहंकार-रहित है, दुःख-सुख में समान रहता है, क्षमावान् है, संतुष्ट (संतोषी) है, सतत योगी है—अर्थात् फलाशा-रहित होकर समभाव में स्थित निरंतर निष्काम कर्म में लगा रहता है, आत्मसंयमी (स्व-नियंत्रित) है, दृढ़ निश्चयवाला है, जिसने अपने मन-बुद्धि को ईश्वर में अर्पित कर दिया है, वह ईश्वर का भक्त ईश्वर को प्यारा है। जिससे संसार उद्विग्न (खिन्न/चिंतित) नहीं होता और जो स्वयं भी संसार से (समस्त प्राणियों से) उद्विग्न नहीं होता तथा जो हर्ष, क्रोध, भय एवं चिंता से रहित है, ऐसा भक्त ईश्वर को प्रिय है। जो आकांक्षा-रहित है, शुद्ध (पवित्र) है, कर्म में निपुण (कुशल) है, सांसारिक भोगों से विरक्त है, व्यथा (कष्ट) से मुक्त है, जिसने समस्त आरंभों (प्रयत्नों/सूत्रपातों) का परित्याग कर दिया है, अर्थात् जो किसी भी कार्य में पहल नहीं करता, ऐसा भक्त ईश्वर प्रिय है। जो न हर्षित होता है, न द्वेष (शत्रुता) करता है, न शोक करता है, न आकांक्षा (इच्छा) करता है, जिसने शुभ (अच्छा) तथा अशुभ (बुरा) दोनों का त्याग कर दिया है, ऐसे भक्तिमान् को ईश्वर प्यार करता है।

---

1. बाइबिल : "अपने शत्रुओं से प्यार करो, उनको आशीर्वाद दो, जो तुमको श्राप देते हैं, उनका भला करो जो तुमसे घृणा करते हैं और उनके लिए प्रार्थना करो जो तुम्हारा तिरस्कारपूर्ण ढंग से उपयोग करते हैं तथा तुमको सताते हैं। इससे तुम स्वर्ग में रहनेवाले अपने पिता (ईश्वर) की संतान ठहरोगे : क्योंकि वह भलों और बुरों दोनों पर अपना सूर्य उदय करता है और धर्मियों (न्यायियों) तथा अधर्मियों (अन्यायियों) दोनों पर मेह बरसाता है। क्योंकि यदि तुम उनको ही प्रेम करोगे जो तुमको प्रेम करते हैं तो तुम्हारे लिए क्या पुरस्कार होगा? (मैथ्यू, 5/44-46)

जो शत्रु-मित्र में तथा मान-अपमान में सम है,[1] सर्दी-गरमी में सम है, सुख-दुःख में सम है, आसक्ति से मुक्त है, निंदा और स्तुति (प्रशंसा) समान मानता है, मौन है, अर्थात् सीमित/संयमित बोलता है, जो कुछ प्राप्त होता है, उसमें संतुष्ट रहता है, जिसका कोई घर नहीं है,[1] जिसकी बुद्धि स्थिर है, ऐसा भक्तिमान् नर (मनुष्य) ईश्वर को प्रिय है; परंतु जो पूर्वोक्त धर्म रूपी अमृत, अर्थात् अनश्वर (शाश्वत) बुद्धि का अनुसरण करते हैं तथा ईश्वर को ही सर्वश्रेष्ठ मानते हैं, ऐसे निष्ठावान् भक्तजन ईश्वर को अतिशय प्रिय होते हैं। (12/13-20)

जो मनुष्य अव्यभिचारी भक्तियोग[2] के द्वारा ब्रह्म की सेवा करता है, वह सत्-रज-तम, प्रकृति (माया) के तीनों गुणों को लाँघकर, अर्थात् इनसे ऊपर उठकर ब्रह्म-पद प्राप्त करने के लिए समर्थ (योग्य) हो जाता है, अर्थात् ब्रह्म हो जाता है, मोक्ष प्राप्त कर लेता है।

निष्कर्ष : भक्तियोग का अर्थ है पूजा-पाठ अथवा चिंतन द्वारा ईश्वर की उपासना करना तथा इन्हीं दोनों माध्यमों की सहायता से ईश्वर की प्राप्ति के लिए प्रयत्न करना। 'गीता' में भक्ति के कई प्रकार स्पष्ट

---

1. इसका तात्पर्य है कि कोई स्थायी निवास-स्थान नहीं है। यद्यपि वह अपने समस्त सामाजिक कर्तव्यों का पालन करता है, परंतु किसी एक परिवार अथवा घर से बँधा हुआ नहीं है। वह अपने मन में उत्पन्न होनेवाली प्रेरणाओं के अनुकूल स्वच्छंद विचरता रहता है, स्वतंत्र घूमता रहता है, क्योंकि वह संपूर्ण मानवजाति के लिए जीता है और लोक-कल्याण में लगा रहता है। **महाभारत** : "जो जिस किसी तरह ढका हुआ (कपड़े पहने हुए) है, जो जिस किसी तरह के भोजन से तृप्त हो जाता है, जो यात्रा में किसी भी स्थान पर आश्रय ले लेता है, आराम कर लेता है, ऐसे मनुष्य को देवतागण विद्वान् ब्राह्मण कहते हैं।" (शांतिपर्व, 245/12)
2. जो मनुष्य केवल एक सर्वशक्तिमान, अविनाशी, अमर, शाश्वत-विधान एवं निरपेक्ष स्वर्गानंद रूपी ब्रह्म को ही अपना स्वामी मानता हुआ, व्यभिचार—स्वार्थ-अभिमान को त्यागकर, श्रद्धा और निष्काम प्रेम-भाव से निरंतर उसका चिंतन करता है, ऐसे भक्त को 'अव्यभिचारी भक्तियोगी' कहते हैं और ऐसे भक्त के द्वारा ली गई ब्रह्म-समाधि को 'अव्यभिचारी भक्तियोग' कहते हैं।

किए गए हैं। गीतानुसार, निराकार भक्ति अर्थात् निराकार (निर्गुण) ईश्वर का चिंतन, साकार भक्ति अर्थात् साकार (सगुण) ईश्वर की पूजा-अर्चना से श्रेष्ठ है; परंतु निराकार ईश्वर की उपासना कठिनतर है। इसी प्रकार निष्काम भक्ति सकाम भक्ति से श्रेष्ठ है। निष्काम भक्त वे होते हैं, जो अनन्य भाव से अर्थात् निष्काम भाव से, बिना किसी कामना के, केवल श्रद्धा के साथ ईश्वर का चिंतन करते हुए ईश्वर की उपासना करते हैं। सकाम भक्त वे होते हैं, जो किसी-न-किसी स्वेच्छा की पूर्ति के लिए ईश्वर की उपासना करते हैं। इसी प्रकार ज्ञानी भक्त अज्ञानी भक्त से श्रेष्ठ होते हैं। ज्ञानी भक्त वह है, जो ईश्वर तत्त्व को भलीभाँति समझकर तथा ईश्वर को अपना सर्वोत्तम लक्ष्य मानकर उसकी उपासना करता है। दूसरी ओर अज्ञानी भक्त ईश्वर तत्त्व को बिना जाने, अंधविश्वास में पड़कर ईश्वर (मूर्ति) की उपासना करता है।

गीतानुसार, ज्ञानयोग से भक्तियोग श्रेष्ठ है और भक्तियोग से कर्मयोग श्रेष्ठ है। इस प्रकार, कर्मयोग सुख और मोक्ष का सर्वश्रेष्ठ द्वार (मार्ग) है।

□

योगी/युक्त/आत्मसंयमी

'गीता' में योगी, युक्त तथा आत्मसंन्यासी शब्दों को एक-दूसरे के पर्यायवाची (समानार्थक) शब्दों के रूप में प्रयुक्त किया गया है।

'गीता' में योग[1] का अर्थ है—"आसक्ति को त्यागकर तथा सिद्धि और असिद्धि अर्थात् सफलता और असफलता को समान समझकर अपने कर्तव्य-कर्मों को करना, मन की यह समता ही योग कहलाती है।" (2/48) समत्व बुद्धि के द्वारा कर्मों में कुशलता ही योग है।[2] (2/50)

योगी अपने मन और इंद्रियों को वश में रखनेवाला, इच्छा-रहित, संग्रहभाव रहित (स्वामित्व की भावना न रखनेवाला) तथा अपने मन को निरंतर आत्मा/परमात्मा में लगानेवाला होता है। (6/10)

(आत्म) योगी का जीता हुआ मन आत्मा/परमात्मा के ध्यान में उसी प्रकार स्थिर होता है जिस प्रकार वायु-रहित स्थान में रखा हुआ दीपक चलायमान नहीं होता। (6/19) जो कर्म-फल का आश्रय न लेकर करने

---

1. "स्थिर इंद्रियधारण को ही योग कहते हैं।" जिस समय पाँचों ज्ञानेंद्रियाँ मन के सहित आत्मा में स्थित हो जाती हैं और बुद्धि भी कोई चेष्टा (इच्छा/कामना) नहीं करती, उस अवस्था को स्थिर इंद्रियधारणा कहते हैं। (कठोपनिषद्, 2/3/11 तथा 10)
2. योगी नैतिकता की उस स्थिति से अधिक ऊपर उठ जाता है, जिसके अंतर्गत अच्छे और बुरे का अंतर किया जाता है। योगी अपने उचित कर्तव्यों में संलग्न रहता है, जबकि उसका मन ईश्वर में विश्राम करता है; वह दिव्य संयुक्ति में स्थिर होता है। यही दिव्य संयुक्ति योग है।

योग्य कर्म करता है, वह योगी है। (6/1)

जो मनुष्य कर्म में अकर्म देखता है और अकर्म में कर्म देखता है, वह युक्त है।[1] (4/18) जिसका अंतःकरण ज्ञान-विज्ञान से तृप्त (संतुष्ट) है, जो विकार-रहित (अपरिवर्तनशील) है, जिसने अपनी इंद्रियों को जीत लिया है तथा जिसके लिए मिट्टी, पत्थर व स्वर्ण समान हैं, उस योगी को युक्त कहते हैं। (6/8) जिसने काम और क्रोध के वेग को रोक लिया है, वह युक्त है वह मनुष्य सुखी है। (5/23) जब मनुष्य वश में किए हुए अपने मन को आत्मा में ही स्थित कर लेता है तथा समस्त भोगेच्छाओं से रहित हो जाता है तब उसे युक्त कहते हैं। (6/18)

निष्कर्ष यह है कि फलाशा-रहित तथा समभाव (द्वंद्व-रहित) (अर्थात् सुख-दुःख, सफलता-असफलता के विचार बिना) होकर कुशलतापूर्वक कर्तव्य-कर्म करनेवाला तथा अपने मन को एकाग्र करके आत्मा-परमात्मा में स्थिर करनेवाला मनुष्य ही योगी अथवा युक्त अथवा आत्मसंयमी है।

योगी को अंतःकरण की शुद्धि के लिए मन और इंद्रियों की क्रियाओं को वश में रखते हुए मन को एकाग्र करके योगाभ्यास करना चाहिए। योगी को ब्रह्मचर्य व्रत में स्थित रहकर, भय-रहित होकर, अंतःकरण को शांत रखकर, अपने मन को संयमित करके तथा परमात्मा में अति आसक्त होकर मन को परमात्मा में लगाना चाहिए। योग दुःखों का नाश करनेवाला होता है और यह उसी मनुष्य को सिद्ध होता है, जो यथायोग्य आहार-विहार करनेवाला, कर्मों में यथायोग्य चेष्टा करनेवाला तथा यथायोग्य सोने व जागनेवाला होता है। (6/12, 14, 17)

योगाभ्यास (चिंतन) से जब मनुष्य का मन संयमित हो जाता है और जब आत्मा अपने आपको देखता हुआ अपने आप में ही संतुष्ट हो

---

1. विस्तार के लिए पृष्ठ 31 पर 4/18 श्लोक **देखें**।

जाता है तथा जब वह इंद्रियों से परे एवं बुद्धि-ग्राह्य परम सुख को जान जाता है, तब वह स्थिर चित्त योगी तत्त्व से (सत्य से/परमात्मा के स्वरूप से) विचलित नहीं होता है। सिद्धावस्था में परमात्मा को प्राप्त करके योगी उससे अधिक दूसरा कोई लाभ नहीं मानता और उस सिद्धावस्था में स्थित होकर योगी किसी बड़े भारी दुःख से भी चलायमान नहीं होता। जो दुःख रूप संसार के संयोग से रहित है, अर्थात् जो दुःख का नाश करनेवाला है तथा जिसका नाम योग है, उसको जानना चाहिए और उस योग को दृढ़ निश्चय के साथ तथा निराश मन से नहीं, बल्कि उत्साह के साथ करना चाहिए। योगी को इच्छा से उत्पन्न होनेवाली संपूर्ण कामनाओं को पूर्णरूप से त्यागकर और मन के द्वारा समस्त इंद्रियों को सभी ओर से भलीभाँति रोककर धैर्य-युक्त बुद्धि से धीरे-धीरे अभ्यास करते हुए प्रशांत (स्थिर) होकर मन को आत्मा में स्थित करके किसी और वस्तु का चिंतन नहीं करना चाहिए। यह अस्थिर और चंचल मन जहाँ-जहाँ जाकर भटकता हो, योगी को चाहिए कि उसे वहाँ-वहाँ से खींचकर निश्चय ही अपने वश में लाए, क्योंकि जिसका मन भली प्रकार शांत है, जो निष्कलंक (निष्पाप) है, जिसका रजोगुण (भोगेच्छाएँ) शांत हो गया है तथा जो ब्रह्म के साथ एकीभाव हो गया है, ऐसे योगी को निश्चय ही सर्वोत्तम सुख (मोक्ष) प्राप्त होता है। इस प्रकार योगाभ्यास से ब्रह्म के साथ एकीभाव होकर पाप-रहित आत्मसंयमी योगी ब्रह्म के सान्निध्य में रहकर सरलतापूर्वक अनंत सुख का अनुभव करता है। ऐसा योगी आत्मा को संपूर्ण प्राणियों में स्थित देखता है और समस्त प्राणियों को आत्मा में स्थित देखता है। साथ ही, जो अपनी भाँति ही संपूर्ण प्राणियों को सम देखता है और सुख या दुःख को भी सब में सम देखता है वह श्रेष्ठ योगी है। (6/20-29, 32)

अर्जुन ने कहा है—हे श्रीकृष्ण! यह मन बड़ा चंचल, अविवेकी (उतावला), बलवान और हठीला है। इसलिए इसको वश में करना मैं

वायु को रोकने की भाँति अत्यंत दुष्कर (कठिन) मानता हूँ और इस प्रकार जो समभाव वाली योग पद्धति आपने कही, वह स्थिति मुझे स्थायी (व्यावहारिक तथा सहनीय) नहीं लगती। तब भगवान् श्रीकृष्ण ने कहा—हे अर्जुन! निस्संदेह मन चंचल और कठिनता से वश में होनेवाला है, परंतु उसे निरंतर अभ्यास और वैराग्य (अनासक्ति) द्वारा वश में किया जा सकता है। हाँ, मैं यह मानता हूँ कि उस मनुष्य के लिए योग प्राप्त करना कठिन है, जिसका मन वश में किया हुआ नहीं है; लेकिन जिसने अपने मन को वश में किया हुआ है और जो उसको वश में करने के लिए समुचित उपाय करता है, उसे योग को प्राप्त करना सहज है। (6/33-36)

योगी तपस्वियों से श्रेष्ठ है, ज्ञानियों से भी श्रेष्ठ माना गया है और सकाम कर्म करनेवालों से भी योगी श्रेष्ठ है। अतः हे अर्जुन! तुम योगी बनो। संपूर्ण योगियों में वह सर्वश्रेष्ठ है, जो परमात्मा को श्रद्धापूर्वक भजता है—अर्थात् जो महान् योगी है, वह महान् भक्त भी होता है। (6/46-47)

निष्कर्ष : योगी/युक्त/आत्मसंयमी का अर्थ है एक ऐसा मनुष्य, जो निष्काम भाव से तथा द्वंद्व-रहित होकर अर्थात् सुख-दुःख, हानि-लाभ, सफलता-असफलता आदि की चिंता किए बिना अपने कर्तव्य-कर्मों को संपन्न करता है तथा अपनी इंद्रियों को वश में करके, एकाग्रचित्त होकर अपने मन को आत्मा-परमात्मा में स्थिर करता है। योगी अपने मन पर, आहार-विहार पर, कर्मों पर, सोने-जागने पर, रहन-सहन पर, व्यवहार पर तथा अपनी कामनाओं पर आत्म-नियंत्रण रखता है। वास्तव में, निष्काम क़र्म करनेवाला 'कर्मयोगी' ही सच्चा 'योगी' है। गीतानुसार, योगी तपस्वियों, ज्ञानियों तथा सकाम कर्म करनेवालों से श्रेष्ठ होता है, क्योंकि वह निष्काम कर्म करता है तथा निष्काम भाव से ही ईश्वर को श्रद्धापूर्वक भजता है। श्रीकृष्ण ने कहा कि "हे अर्जुन! तुम योगी बनो।"

□

प्रकृति अथवा योगमाया (त्रिगुणात्मक माया)

प्रकृति अथवा योगमाया ईश्वर की शक्ति का नाम है। प्रकृति के दो रूप होते हैं—प्रथम, परा अथवा चेतन प्रकृति अर्थात् जीवात्मा, जो प्रत्येक प्राणी के शरीर (हृदय) में स्थित है। द्वितीय, अपरा अथवा जड़ प्रकृति, जिसमें आठ तत्त्व सम्मिलित हैं—पृथ्वी, जल, अग्नि, वायु, आकाश, मन, बुद्धि एवं अहंकार। अपरा प्रकृति के ये भौतिक तत्त्व पुनः दो भागों में विभाजित किए जा सकते हैं—(i) स्थूल अपरा प्रकृति, जैसे—पृथ्वी, जल, अग्नि, वायु तथा आकाश। (ii) सूक्ष्म अपरा प्रकृति, जैसे—मन, बुद्धि तथा अहंकार। सामान्यतया प्रकृति का अर्थ 'अपरा प्रकृति' से ही लिया जाता है।

जो मनुष्य यह देखता है कि संपूर्ण कर्म सब प्रकार से प्रकृति के द्वारा ही किए जाते हैं और जो यह देखता है कि आत्मा अकर्ता है, अर्थात् कुछ भी नहीं करता, वही यथार्थ देखता है। (13/29)

प्रकृति से तीन गुण उत्पन्न होते हैं, जो अविनाशी जीवात्मा को शरीर में बाँधते हैं। तीन गुण ये हैं—सत्त्वगुण, रजोगुण तथा तमोगुण। इसीलिए प्रकृति को 'त्रिगुणात्मक माया', 'त्रिगुणमयी माया', 'दिव्य गुणमयी माया' अथवा 'ईश्वर की माया' कहा गया है। अपरा प्रकृति का

नाम ही माया अथवा योगमाया है। पूर्वोक्त तीनों गुणों से इस सारे संसार के प्राणी मोहित (भ्रमित) हो रहे हैं और इसीलिए वे गुणातीत (इन तीनों गुणों से परे स्थित) तथा अविनाशी परमात्मा को नहीं जानते। तीन गुणोंवाली ईश्वर की इस दैवी (दिव्य/अलौकिक) माया को पार करना, अर्थात् उस पर विजय प्राप्त करना कठिन है। परंतु जो परमात्मा की शरण में चले जाते हैं, वे इसको पार कर लेते हैं, अर्थात् संसार से तर जाते हैं। (7/13-14, 14/5)

प्रकृति और पुरुष (आत्मा)—ये दोनों ही अनादि हैं (जिस प्रकार ईश्वर अनादि है)। सभी दोष और गुण भी निश्चय ही प्रकृति से उत्पन्न जानो। समस्त भौतिक कार्यों (परिणामों) तथा उनके कारणों की हेतु (कारण/स्रोत) प्रकृति कही जाती है और जीवात्मा सुख-दुःखों के भोक्तापन में हेतु (भोगनेवाला) कहा जाता है।[1] प्रकृति में स्थित जीवात्मा प्रकृति के तीन गुणों को भोगता है और इन गुणों के प्रति आसक्ति ही इस जीवात्मा के अच्छी-बुरी योनियों में जन्म लेने का कारण है।[2] (13/19-21)

सत्त्वगुण, रजोगुण और तमोगुण में, सत्त्वगुण तो निर्मल होने के कारण प्रकाश करनेवाला तथा रोग-रहित बनानेवाला (अर्थात् स्वास्थ्यवर्धक) होता है। यह सुख से आसक्ति तथा ज्ञान से आसक्ति के कारण मनुष्य को बाँधता है। रजोगुण को अनुराग/आकर्षण-स्वरूप जानो, जो तृष्णा (कामना) तथा आसक्ति से उत्पन्न होता है। यह देहधारी आत्मा को सकाम कर्म की आसक्ति के कारण बाँधता है। सभी देहधारियों को मोहित (भ्रमित) करनेवाले तमोगुण को अज्ञान से उत्पन्न जानो। यह

1. इसका तात्पर्य यह है कि शरीर तथा इंद्रियाँ प्रकृति द्वारा उत्पन्न की जाती हैं, जबकि सुख-दुःख का अनुभव आत्मा द्वारा किया जाता है, कुछ सीमाओं के अधीन।
2. सत्त्वगुण की आसक्ति से देवयोनि में, रजोगुण की आसक्ति से मनुष्ययोनि में तथा तमोगुण की आसक्ति से पशु, कीट (कीड़े-मकोड़े) आदि नीच योनियों में जन्म होना माना जाता है।

जीवात्मा को प्रमाद (उन्माद/नशा), आलस्य और निद्रा के द्वारा बाँधता है। (14/6-8)

जिस समय मनुष्य के शरीर के समस्त द्वार (अर्थात् ज्ञानेंद्रियाँ, मन, बुद्धि आदि) ज्ञान के प्रकाश से प्रकाशित होते हैं, उस समय ऐसा जानना चाहिए कि सत्त्वगुण प्रबल है, बढ़ा हुआ है। रजोगुण के बढ़ने पर लोभ, प्रवृत्ति (गतिविधि/क्रियाशीलता), सकाम कर्मों का स्वार्थ-बुद्धि से प्रारंभ, अधीरता (बेचैनी/अशांति) तथा भोगेच्छा की प्रबलता (अधिकता) होती है। तमोगुण के बढ़ने पर अंधकार, अप्रवृत्ति (निष्क्रियता) प्रमाद (उन्माद/नशा) तथा मोह (भ्रम)—ये सब निश्चय ही उत्पन्न होते हैं। (14/11-13)

जब मनुष्य सत्त्वगुण की प्रबलता के समय मृत्यु को प्राप्त होता है, तब वह सर्वोच्च ज्ञानियों के विशुद्ध (उच्चतर) लोकों को प्राप्त करता है। रजोगुण की प्रबलता के समय मृत्यु होने पर मनुष्य कर्मों की आसक्तिवाले मनुष्यों में जन्म लेता है। तमोगुण की प्रबलता के समय मृत्यु होने पर मनुष्य मूढ़ योनियों (पशु, कीड़े-मकोड़े आदि) में जन्म लेता है। (14/14-15)

अच्छे कर्मों का फल सात्त्विक (सुखपूर्ण, ज्ञानयुक्त तथा वैराग्यपूर्ण) एवं विशुद्ध होता है। राजस कर्म का फल दुःख और तामस कर्म का फल अज्ञान होता है। सत्त्वगुण से ज्ञान उत्पन्न होता है, रजोगुण से निश्चय ही लोभ तथा तमोगुण से प्रमाद (उन्माद/नशा), मोह (भ्रम) और अज्ञान उत्पन्न होते हैं। सत्त्वगुण में स्थित (सतोगुणी) मनुष्य उच्चलोक (स्वर्गलोक) को जाते हैं, रजोगुण में स्थित (रजोगुणी) मनुष्य मध्यलोक (पृथ्वीलोक) में ही रहते हैं, अधम (नीच) स्वभाव में स्थित मनुष्य निम्नलोक (नरकलोक) में जाते हैं। (14/16-18)

[सत्त्वगुण, रजोगुण तथा तमोगुण—ये तीनों ही गुण प्रत्येक व्यक्ति में विद्यमान रहते हैं। समय-समय पर व्यक्ति में इनकी पारस्परिक मात्रा

परिवर्तित होती रहती है; परंतु जिस व्यक्ति में आधार रूप में अथवा कुल मिलाकर जिस गुण की प्रधानता होती है, उस व्यक्ति को उसी गुण की संज्ञा दी जाती है। इस प्रकार सत्त्वगुण की प्रधानतावाला व्यक्ति सतोगुणी, रजोगुण की प्रधानतावाला व्यक्ति रजोगुणी तथा तमोगुण की प्रधानतावाला व्यक्ति तमोगुणी कहलाता है।]

प्रकृति के त्रिगुणों के आधार पर 'गीता' में अनेक तत्त्वों तथा विषयों को उनके तीन-तीन भागों (रूपों) में विभाजित किया गया है। उदाहरणार्थ—श्रद्धा, आहार, दान, यज्ञ, तप, त्याग, ज्ञान, धृति (धारणा), कर्म, बुद्धि तथा सुख इनमें से प्रत्येक के तीन रूप बताए गए हैं। उनमें सात्त्विक रूप सर्वश्रेष्ठ, राजसी रूप मध्यम श्रेणी का तथा तामसी रूप निकृष्ट (निम्नतम) श्रेणी का बताया गया है।

सभी मनुष्यों की **श्रद्धा** उनके अंत:करण के अनुरूप होती है। यह मनुष्य श्रद्धामय है, इसलिए जो मनुष्य जैसी श्रद्धावाला है, वह स्वयं भी वही है। गुणातीत (तीनों गुणों से परे) मनुष्य ब्रह्म को पूजते हैं; सात्त्विक मनुष्य देवों को पूजते हैं; राजस मनुष्य यक्ष और राक्षसों को पूजते हैं तथा तामस मनुष्य भूतों को पूजते हैं। (14/16, 17/3-4)

आहार (भोजन) भी सबको अपनी-अपनी प्रकृति के अनुसार तीन प्रकार का प्रिय होता है—

(1) **सात्त्विक आहार**—आयु, जीवन-शक्ति, बल, आरोग्य (स्वास्थ्य), सुख और प्रीति (प्यार/आनंद/तृप्ति) को बढ़ानेवाले पदार्थ; रसयुक्त (स्वादिष्ट), चिकने, स्थिर (पुष्टिकर) तथा हृदय को भानेवाले पदार्थ। इन पदार्थों को सात्त्विक मनुष्य पसंद करते हैं।

(2) **राजस आहार**—कड़वे, खट्टे, लवणयुक्त (नमकीन), अत्यंत गरम, तीखे (चटपटे), शुष्क (रूखे), दाहकारक (जलानेवाले/

ताप उत्पन्न करनेवाले) तथा दु:ख, शोक (चिंता) एवं रोगों को उत्पन्न करनेवाले पदार्थ। इन पदार्थों को राजस मनुष्य पसंद करते हैं।

(3) **तामस आहार**—अधपके, रस-रहित (स्वादहीन) दुर्गंध-युक्त (सड़े हुए), बासी, जूठन (दूसरों के द्वारा खाते-खाते छोड़े गए) तथा अस्वच्छ/अशुद्ध (साफ न किए गए) पदार्थ। ये पदार्थ तामस मनुष्यों को प्रिय होते हैं। (17/8-10)

दान तीन प्रकार के होते हैं—

(1) **सात्त्विक दान**—जो दान कर्तव्य समझकर, किसी प्रत्युपकार की आशा के बिना (अर्थात् कोई उपकार न करनेवाले को) तथा देश (स्थान), काल (समय) और पात्र (दानग्रहीता) की पात्रता (उपयुक्तता/योग्यता) को ध्यान में रखते हुए दिया जाता है, उसे सात्त्विक दान कहते हैं।

(2) **राजस दान**—जो दान प्रत्युपकार (बदले में कुछ पाने) की भावना से अथवा फिर किसी फल को पाने के उद्देश्य से तथा क्लेशपूर्वक (पीड़ा सहित/ पश्चात्ताप के साथ) दिया जाता है, उसे राजस दान कहते हैं।

(3) **तामस दान**—जो दान अनुचित स्थान पर, अनुचित समय में, अनुचित पात्र (अयोग्य दानग्रहीता) को, बिना सत्कार (सम्मान) के अथवा तिरस्कारपूर्वक (अनादर/उपेक्षा के साथ) दिया जाता है, उसे तामस दान कहते हैं। (17/20-22)

विद्वान् लोग काम्य (कामना-युक्त/आसक्ति-युक्त) कर्मों के परित्याग को संन्यास कहते हैं। चतुर लोग सब कर्मों के फल के त्याग को त्याग कहते हैं।

त्याग तीन प्रकार का होता है—

(1) **सात्त्विक त्याग**—शास्त्रों में जो कर्तव्य-कर्म निर्दिष्ट (निर्देशित) किए गए हैं, उनको आसक्ति तथा फल का त्याग करके संपन्न करना ही सात्त्विक त्याग है।

(2) **राजस त्याग**—"जो कुछ कर्म हैं, वह सब दुःख रूप ही हैं," ऐसा समझकर यदि कोई मनुष्य शारीरिक क्लेश (कष्ट) के साथ कर्तव्य-कर्मों से त्याग करता है तो इसे राजस त्याग कहते हैं और ऐसे त्याग से त्याग का फल प्राप्त नहीं होता।

(3) **तामस त्याग**—शास्त्रों में निर्दिष्ट (निर्देशित) कर्तव्य-कर्मों का त्याग करना कभी उचित नहीं होता। इसीलिए मोह (भ्रम) के कारण उनका त्याग करना तामस त्याग घोषित किया गया है। (18/2,4,7-9)

ज्ञान तीन प्रकार को होता है—

(1) **सात्त्विक ज्ञान**—जिस ज्ञान से विभाजित (पृथक्-पृथक्) संपूर्ण मनुष्यों में अविभाजित (एक ही) परमात्मा का भाव (रूप/अस्तित्व) देखा जाता है, उसे सात्त्विक ज्ञान जानो।

(2) **राजस ज्ञान**—जो ज्ञान विभिन्न प्राणियों में भिन्न-भिन्न अस्तित्व (सत्ता) देखता है, उसे राजस ज्ञान जानो।

(3) **तामस ज्ञान**—वह ज्ञान, जिससे मनुष्य किसी एक अल्प (तुच्छ/छोटे से) कार्य को ही संपूर्ण (इकाई) मानकर, वास्तविकता (सत्य) को जाने बिना और अकारण ही उसमें आसक्त (लिप्त) रहता है, उसे तामस ज्ञान कहते हैं। (उदाहरणार्थ, "धन कमाना या शक्ति तथा प्रभाव एकत्रित करना ही सबकुछ है," यह सोचना-समझना तामस ज्ञान है।) (18/20-22)

कर्म तीन प्रकार के होते हैं—

(1) **सात्त्विक कर्म**—शास्त्रों द्वारा निर्दिष्ट (निर्देशित) कर्तव्य-कर्म, जो आसक्ति-रहित होकर, बिना राग-द्वेष (अनुराग-घृणा) के तथा बिना फल की इच्छा से किया जाता है, उसे सात्त्विक कर्म कहा गया है।

(2) **राजस कर्म**—जो कर्म अपनी कामना (भोगेच्छा) की पूर्ति के लिए अथवा फिर अहंकार सहित, बड़े परिश्रम के साथ किया जाता है, उसे राजस कर्म कहा जाता है।

(3) **तामस कर्म**—जो कर्म परिणाम (होनेवाले भावी बंधन), विनाश (हानि), हिंसा और अपनी सामर्थ्य को बिना विचारे, मोह (भ्रम/अज्ञान) से किया जाता है, उसे तामस कर्म कहा जाता है। (18/23-25)

बुद्धि तीन प्रकार की होती है—

(1) **सात्त्विक बुद्धि**—वह बुद्धि, जो प्रवृत्ति (करने योग्य) तथा निवृत्ति (न करने योग्य), कार्य (कर्तव्य-कर्म) और अकार्य (अकर्तव्य-कर्म), भय एवं अभय तथा बंधन और मोक्ष को ठीक प्रकार से जानती है, सात्त्विक बुद्धि है।

(2) **राजस बुद्धि**—जो धर्म-अधर्म तथा कर्तव्य-अकर्तव्य को भी यथार्थ रूप से (ठीक से) नहीं पहचानती है, वह राजस बुद्धि है।

(3) **तामस बुद्धि**—जो बुद्धि तमोगुण (मोह एवं अंधकार) से व्याप्त होकर (ढकी हुई होकर), अधर्म को धर्म मानती है तथा सारे अर्थों (समस्त वस्तुओं) को उलटा मानती है (सदैव विपरीत दिशा में चलती है), वह तामस बुद्धि है। उदाहरणार्थ, यह सत्य को असत्य, अज्ञानी को ज्ञानी तथा त्याज्य को ग्राह्य समझती है। (18/30-32)

सुख तीन प्रकार के हैं (सुख जीवन का विश्वव्यापी उद्देश्य है)—

(1) **सात्त्विक सुख**—जिस सुख को मनुष्य मन के दीर्घ अभ्यास से (अर्थात् ईश्वर के दीर्घ चिंतन से) भोगता है और जो आरंभ में विष के समान कड़वा (कठिन) होता है तथा अंत में अमृत तुल्य (स्वर्गानंद देनेवाला) होता है तथा जो आत्मज्ञान से प्राप्त होता है, वह सात्त्विक सुख है।

(2) **राजस सुख**—जो सुख विषय (भौतिक भोग-पदार्थ) तथा इंद्रियों के संयोग से (भोगानंदों से) उत्पन्न होता है तथा आरंभ में अमृत तुल्य और परिणाम में विष के समान होता है, वह राजस सुख है।

(3) **तामस सुख**—जो सुख प्रारंभ और अंत दोनों समय आत्मा को मोह (भ्रम) में फँसाता है तथा जो निद्रा, आलस्य और प्रमाद (उन्माद/नशा/कर्तव्य की चूक) से उत्पन्न होता है, वह तामस सुख है। (18/36-39)

संपूर्ण ब्रह्मांड में कोई भी ऐसा प्राणी नहीं है अथवा स्वर्ग में देवताओं में ऐसा देवता नहीं है तथा इनके अलावा कोई भी ऐसा सत्त्व (अस्तित्व) नहीं है, जो प्रकृति से उत्पन्न इन तीनों गुणों (सत्त्व, रज व तम) से रहित हो। (18/40)

इस संसार में दो प्रकार के प्राणी पाए जाते हैं—एक तो दैवी प्रकृतिवाले तथा दूसरे आसुरी प्रकृतिवाले। (16/6)

दैवी संपदाएँ (गुण) तथा मनुष्य—अभय, अंत:करण की पूर्ण निर्मलता, तत्त्वज्ञान के लिए ध्यानयोग में निरंतर दृढ़ स्थिति, दान, इंद्रियों का दमन, यज्ञ, स्वाध्याय (शास्त्रों का अध्ययन), तप, स्पष्टवादिता (सीधापन), अहिंसा, सत्य, अक्रोध, त्याग, मन की शांति, निंदा से अरुचि, समस्त जीवों के प्रति दया, लोभ-लालच का अभाव, भद्रता, विनय

(लज्जा), बेचैनी का अभाव, चारित्रिक तेज, क्षमा, धैर्य, पवित्रता, दूसरों का अनिष्ट न चाहना (वैर न होना) तथा अभिमान का अभाव। (16/1-3)

आसुरी संपदाएँ (गुण) तथा मनुष्य—दंभ (पाखंड), घमंड (अक्खड़पन), मिथ्या गर्व, क्रोध, निष्ठुरता, अज्ञान, कर्तव्य-अकर्तव्य दोनों ही कर्मों को न जानना, निकृष्ट आचरण, असत्य। वे कहते हैं कि "संसार का कोई नैतिक आधार नहीं है; यह सर्वदा रहनेवाला सत्य नहीं है, अर्थात् नश्वर है। इसका कोई ईश्वर अथवा शासक नहीं है। यह किसी नियमित हेतुक व्यवस्था (क्रमबद्ध कारणात्मक व्यवस्था) के अनुसार नहीं रचा गया है तथा इसका प्रमुख उद्देश्य कामुक इच्छा है। इसके सिवा और क्या है?"; नष्ट स्वभाव, मंद बुद्धि, अपकार करनेवाले, क्रूर कर्मी, अभिमान, मद-युक्त, अज्ञान से मिथ्या सिद्धांतों को ग्रहण करनेवाले, चिंताग्रस्त, विषय-भोगी, अन्यायपूर्वक धनादि पदार्थों का संग्रह करने की चेष्टा करनेवाले,[1] मनोरथी, धन के लालची[1], हिंसा, भ्रमित चित्तवाले, मोहपूर्ण, अपने आपको ही श्रेष्ठ माननेवाले, परनिंदा कारक तथा विद्वेषपूर्ण। (16/4,7-18)

दैवी संपदाएँ मोक्षकारक (आवागमन के चक्र से छुटकारा दिलानेवाली) तथा आसुरी संपदाएँ बंधन में डालनेवाली (आवागमन के चक्र में फँसानेवाली) मानी गई हैं। (16/5)

आसुरी संपदावाले पापाचारी और क्रूर कर्मी अधम मनुष्य संसार में बार-बार आसुरी योनियों में जन्म लेते हैं तथा कभी मोक्ष प्राप्त नहीं करते। (16/19-20)

काम, क्रोध तथा लोभ—ये नरक के तीन द्वार हैं, जो आत्मा का

---

1. "न वित्तेन तर्पणीयो मनुष्यो।" अर्थात् मनुष्य को धन से तृप्त नहीं किया जा सकता अर्थात् मनुष्य की धन प्राप्त करने की इच्छा की कभी पूर्ति नहीं होती, भले ही उसे कितना ही धन क्यों न मिल जाए। (कठोपनिषद्, 1/1/27)

नाश करनेवाले हैं, अर्थात् आत्मा को अधोगति में ले जानेवाले हैं। (16/21)

कर्तव्य व अकर्तव्य की व्यवस्था में शास्त्र ही प्रमाण हैं। इसलिए मनुष्य को शास्त्र-विधान द्वारा निर्दिष्ट कर्म ही करने चाहिए। (16/24)

निष्कर्ष : प्रकृति को 'त्रिगुणात्मक माया' अथवा 'ईश्वर की माया' कहा गया है। प्रकृति ईश्वर की शक्ति का नाम है। प्रकृति से तीन गुण उत्पन्न होते हैं, इसीलिए इसे 'त्रिगुणमयी माया' कहा गया है। प्रकृति के ये तीन गुण इस प्रकार हैं—सत्त्वगुण, रजोगुण तथा तमोगुण। ये तीनों गुण ही अविनाशी जीवात्मा को विभिन्न कर्मों द्वारा शरीर से बाँधते हैं। सत्त्वगुण निर्मल, प्रकाश करनेवाला, ज्ञानवर्धक तथा स्वास्थ्यवर्धक होता है। यह सुख और ज्ञान के प्रति आसक्ति उत्पन्न करके जीवात्मा को शरीर में बाँधता है। रजोगुण अनुराग और आकर्षण-स्वरूप होता है, जो कामना व आसक्ति से उत्पन्न होता है और लोभ एवं सकाम कर्म के माध्यम से जीवात्मा को शरीर से बाँधता है। तमोगुण अज्ञान से उत्पन्न होता है और प्राणी को भ्रमित करता है तथा प्रमाद, आलस्य एवं निद्रा के द्वारा जीवात्मा को शरीर से बाँधता है। मानव शरीर में इन गुणों की प्रबलता की मात्रा समय-समय पर परिवर्तित होती रहती है, जिसके कारण मनुष्य के स्वयं के व्यवहार में सामयिक परिवर्तन होते रहते हैं। इन तीनों गुणों के आधार पर 'गीता' में श्रद्धा, आहार, कर्म, सुख, बुद्धि आदि तत्त्वों को उनके सात्त्विक, राजसी और तामसी—इन तीन-तीन प्रकारों में विभाजित किया गया है। संपूर्ण ब्रह्मांड इन तीनों गुणों से ओत-प्रोत है। जिस व्यक्ति में तीनों में से जिस गुण की प्रधानता होती है, उसे सामान्यतया उसी प्रकृति का मनुष्य माना जाता है—सतोगुणी, रजोगुणी या तमोगुणी। एक दूसरे रूप में, संसार के समस्त मनुष्यों को दो भागों में बाँटा गया है—मूल रूप (आधारभूत रूप) में दैवी गुणोंवाले व्यक्ति तथा मूल रूप में आसुरी गुणों (दानव गुणों) वाले व्यक्ति। दैवी

गुण इस प्रकार बताए गए हैं—अभय, निर्मल अंत:करण, आत्म-परमात्म ज्ञान, स्पष्टवादिता, धैर्य, सत्य, अहिंसा, अभिमान का अभाव, लोभ-लालच का अभाव, अक्रोध, शास्त्रों का अध्ययन आदि। आसुरी गुण इस प्रकार बताए गए हैं—घमंड, अज्ञान, असत्य, हिंसा, कर्तव्य-अकर्तव्य को न पहचानना, धन का लालच, अन्यायपूर्वक संपदा संग्रह करने की चेष्टा आदि। दैवी गुण सुखदायक व मोक्षदायक होते हैं, जबकि आसुरी गुण दु:खकारक तथा संसार में आवागमन के बंधन में डालनेवाले होते हैं।

□

पुनर्जन्म[1]

जन्मे हुए की मृत्यु निश्चित है और मरे हुए का जन्म निश्चित है। (2/27)

श्रीकृष्ण ने कहा—हे अर्जुन! मेरे और तेरे बहुत से जन्म हो चुके हैं। उन जन्मों को मैं जानता हूँ; किंतु तुम नहीं जानते। (4/5)

मनुष्य अपने अंतकाल में शरीर त्यागते समय जिस-जिस भाव (अस्तित्व) का स्मरण करता है, अर्थात् जिस-जिस रूप का विचार करता है, वह निश्चय ही उसी भाव को प्राप्त होता है, अर्थात् उसी रूप में पुनर्जन्म लेता है।[2] (8/6)

पुनर्जन्म दु:खों का घर तथा क्षणभंगुर (अस्थायी) होता है। (8/15)

---

1. हिंदू धर्म तथा जैन धर्म पुनर्जन्म की संकल्पना (धारणा) को प्रत्यक्ष रूप से मानते हैं। बौद्ध धर्म परोक्ष रूप से पुनर्जन्म के सिद्धांत को मानता है। इस धर्म के अनुसार, यह मान्यता है कि जब तक मनुष्य अपने कर्मों से मुक्त नहीं होता तब तक दूसरे नामों व रूपों के द्वारा जन्मता रहता है—नागसेन। भारत से परे मूल के धर्म, जैसे—यहूदी, ईसाई तथा इसलाम धर्म पुनर्जन्म को नहीं मानते हैं। उपनिषदों में पुनर्जन्म का विचार पूर्णरूप से स्पष्ट है। छांदोग्य उपनिषद् ने सबसे पहले पुनर्जन्म की बात कही, जिसमें पुनर्जन्म के संबंध में सबसे पुराना वाक्य है (5/10/7)—''अगर यहाँ से जाते समय उनका आचरण अच्छा रहा है तो शीघ्र ही वे अच्छी योनि में आ पहुँचते हैं (मनुष्य योनि में); जिसका आचरण यहाँ, इस जन्म में निंदित रहा, वे निकट भविष्य में ही बुरी योनि में प्राप्त होते हैं (कुत्ते, सूअर या चांडाल की योनि में)।'' पाइथागोरस, प्लेटो, आई.एच. फिकटे, आर्थर शापनहॉवर, ह्यूम, लेसिंग तथा कांट जैसे तत्त्ववेत्ता पुनर्जन्म में विश्वास करते थे।
2. महाभारत के शांतिपर्व के अध्याय 280 में कहा गया है कि ''जीव सहस्रों योनियों में जन्म

पृथ्वीलोक से लेकर ब्रह्मलोक (स्वर्गलोक) तक समस्त लोकवासी पुनरावर्ती हैं, अर्थात् इन सभी लोकों में पुनर्जन्म होता रहता है। (8/16)

जो योगी धुएँ, रात्रि तथा कृष्णपक्ष में अथवा सूर्य के दक्षिणायन रहने के छह महीनों में दिवंगत (मृत) होता है, वह चंद्रलोक को जाता है; किंतु वहाँ से पुनः पृथ्वी पर वापस आता है, अर्थात् पुनर्जन्म लेता है। संसार से प्रयाण करने (विदा होने) के दो मार्ग हैं—देवयान (शुक्लपक्ष) और पितृयान (कृष्णपक्ष)[3]। मृत्यु के पश्चात् पितृयान मार्ग से जानेवाला मनुष्य पुनः लौटकर इसी संसार में आ जाता है, अर्थात् पुनर्जन्म लेता है। (8/25-26)

परम ज्ञान[4] सब विद्याओं का राजा है तथा आत्मा की प्रत्यक्ष अनुभूति कराने वाला है और यह धर्म की परिणति (पुष्टि/समाप्ति) है। जो इस धर्म (परम ज्ञान) में श्रद्धा नहीं रखते, वह ईश्वर को प्राप्त न करके इस मृत्यु रूप संसार में लौट आते हैं अर्थात् पुनर्जन्म लेते हैं। दूसरे शब्दों में, ऐसे अज्ञानी, जिनको आत्मा-परमात्मा तथा प्रकृति का ज्ञान नहीं होता, वे जन्म-मरण के पथ (चक्र) में घूमते रहते हैं।[5] (9/3)

निष्कर्ष : 'गीता' पुनर्जन्म की धारणा को प्रत्यक्ष रूप से मानती है। समस्त लोकवासियों (प्राणियों) का पुनर्जन्म होता है। पुनर्जन्म समस्त दुःखों का कारण है।

□

ग्रहण करने के बाद मनुष्य योनि में आकर सिद्धि (सफलता/पूर्ण ज्ञान/अलौकिक शक्ति) प्राप्त करता है।"

3. पाप-पुण्य भोगने के ये दोनों मार्ग यजुर्वेद में वर्णित हैं —पितृयान मार्ग—अर्थात् विद्या-विज्ञान रहित मनुष्यों का मार्ग; देवयान मार्ग अर्थात्—ज्ञानियों तथा देवों का मार्ग।
4. आत्मा और ब्रह्म, जोकि समस्त आत्माओं का उद्गम-स्थल है, इन दोनों की एकात्मकता को समझना ही सर्वश्रेष्ठ ज्ञान है, धर्म है (एकात्मकता को समझना, अर्थात् यह जानना कि आत्मा ब्रह्म अर्थात् परमात्मा का ही अंश है)।
5. बौद्ध धर्म में बुद्ध के बाद के दार्शनिक नागसेन ने 'अज्ञान के कारण विषयों (भोगों) के उपभोग में लिप्त रहने को' बार-बार जन्म लेने का कारण बताया है।

मोक्ष

[संपूर्ण जगत् सुख की खोज में लगा है। दुःख और मृत्यु से सभी प्राणी डरते हैं। मोक्ष दुःख से छुटकारा है, मृत्यु की मृत्यु है। मोक्ष अनंत सुख है; इस संसार में विभिन्न योनियों में आवागमन के चक्र से मुक्ति है। मोक्ष को मानव जीवन का अंतिम लक्ष्य माना गया है, मनुष्य की सर्वोच्च कामना माना गया है। वृहदारण्यक उपनिषद् में (1/3/28) जपने योग्य एक पावन मंत्र में भी मोक्ष प्रदान करने की याचना (प्रार्थना) की गई है—"असतो मा सद्गमय, तमसो मा ज्योतिर्गमय, मृत्योर्मामृतं गमय।" अर्थात् असत्य (अनित्य) से मुझे सत्य (नित्य/शाश्वत) की ओर ले चलो, अंधकार (अज्ञान) से मुझे प्रकाश (ज्ञान) की ओर ले चलो तथा मृत्यु (जन्म-मरण) से छुड़ाकर मुझे अमृत (मोक्ष) प्रदान करो।]

[हमारे शास्त्रों में मुक्ति के विभिन्न साधन बताए गए हैं। अथर्ववेद में कहा गया है कि मनुष्य वैर को त्यागकर उदार, उपकारी तथा सर्वमित्र बनकर मुक्ति के आनंद को पाता है। इसी में एक दूसरे स्थान पर कहा गया है कि अपनी इंद्रियों के माध्यम से दिव्यता प्राप्त करके, महाज्ञानी होकर मनुष्य मोक्ष पाता है। आगे कहा गया है कि सबके आश्रयदाता स्वीकरणीय परमात्मा को जब मनुष्य अपने श्वास-प्रश्वास में भीतर-बाहर साक्षात् करता है, तब मोक्ष पद पाता है। अज्ञानी अथवा पाखंडी

मोक्ष प्राप्त नहीं कर सकता। ब्राह्मण ग्रंथों में कहा गया है कि आत्मा को उद्देश्य करके जो यज्ञ करता है, उसे मोक्ष-सुख प्राप्त होता है। 'मनुस्मृति' में मोक्ष के लिए सामर्थ्य बढ़ाने के लिए ये उपाय बताए गए हैं—इंद्रियों पर नियंत्रण रखना, राग-द्वेष का त्याग करना तथा सभी प्राणियों से निर्वैर बरतना। उपनिषदों में ज्ञान को मोक्ष का साधन बताया गया है। 'महाभारत' में कहा गया है कि पुण्य कर्मों से मोक्ष प्राप्त होता है। पुण्य कर्म में—सदाचार, अनिंद्य (प्रशंसनीय) आचरण, सर्वत्र समान भाव, परमात्मा चिंतन, क्रोध-त्याग, ब्रह्मचर्य, वनवास, पवित्रता, इंद्रिय-संयम, समस्त प्राणियों पर दया, पापभावहीनता, निष्ठुरता-रहित होना, अहंकार-रहित होना, द्वंद्वातीत होना (अर्थात् सुख-दुःख, लाभ-हानि, जय-पराजय, मान-अपमान के द्वंद्वों से परे होना), शोक-भय-बाधा-रहित होना तथा अध्यात्म चिंतनशील (आत्मा-परमात्मा-प्रकृति के बारे में मनन करनेवाला) होना—सम्मिलित किए गए हैं। साथ ही कहा गया है कि मोक्ष द्वार में केवल ज्ञानी पुरुष प्रवेश करते हैं।]

'गीता' में भी मोक्ष-प्राप्ति के विभिन्न साधन बताए गए हैं, जो इस प्रकार हैं—सर्दी-गरमी तथा सुख-दुःख को समान समझनेवाले जिस धैर्यवान् मनुष्य को इंद्रियों और उनके विषयों के संयोग (अर्थात् भौतिक भोग-विलास) व्यथित (पीड़ित/विचलित) नहीं करते, वह अमृतत्व (मोक्ष) के योग्य है। (2/14-15)

ब्रह्म को प्राप्त हुए मनुष्य की स्थिति, अर्थात् 'ब्राह्मी (ईश्वरीय) स्थिति' इस प्रकार होती है—वह सभी भौतिक कामनाओं को त्यागकर[1] इच्छा-रहित, ममता-रहित तथा अहंकार-शून्य होकर विचरता है। ऐसी 'ब्राह्मी स्थिति' को प्राप्त करके मनुष्य कभी मोहित (भ्रमित) नहीं होता;

1. "जिस समय संपूर्ण कामनाएँ, जोकि मनुष्य के हृदय में आश्रय करके रहती हैं, छूट जाती हैं, उस समय वह मरणशील मनुष्य अमर हो जाता है और इस शरीर में ब्रह्म को प्राप्त हो जाता है, अर्थात् मोक्ष प्राप्त कर लेता है।" (कठोपनिषद्, 2/3/14)

और यदि वह अंतकाल में मृत्यु के समय भी इस 'ब्रह्मी स्थिति' में स्थित होता है तो मोक्ष प्राप्त करके ब्रह्म में मिल जाता है। (2/71–72)

आसक्ति (अनुराग) को त्यागकर कर्म करनेवाला मनुष्य परमात्मा को प्राप्त करता है, अर्थात् मोक्ष प्राप्त कर लेता है। (3/19)

परमात्मा अजन्मा, अविनाशी और समस्त प्राणियों का ईश्वर (स्वामी) होते हुए भी कुछ विशिष्ट परिस्थितियों में अपनी शक्ति, योगमाया से प्रकृति को (सत्त्व, रज व तम गुणों को) अपने अधीन करके जन्म लेता है, जो इस प्रकार हैं—(i) जब-जब धर्म की हानि और अधर्म का उत्थान होता है तथा (ii) सज्जन पुरुषों का उद्धार करने के लिए, दुष्कर्म करनेवालों का विनाश करने के लिए और धर्म को स्थापित करने के लिए। जो मनुष्य परमात्मा के जन्म और कर्म के इस दिव्य (भव्य/अलौकिक) तत्त्व (रहस्य) को जानता है, वह अपना शरीर त्यागने के पश्चात् (अपनी मृत्यु के बाद) पुनर्जन्म नहीं लेता और परमात्मा को प्राप्त कर लेता है अर्थात् मोक्ष प्राप्त कर लेता है। (4/6–9)

इस संसार में ज्ञान के समान पवित्र कुछ और नहीं है। उस ज्ञान को मनुष्य योग में सिद्ध (परिपक्व) होने के पश्चात् यथासमय अपनी आत्मा में पा लेता है, अर्थात् दीर्घकाल तक योग के माध्यम से आत्मज्ञान हो जाता है। श्रद्धावान्, ज्ञान में तल्लीन, तथा जितेंद्रिय (अपनी इंद्रियों को भौतिक भोगों से परे रखनेवाला संयमित मनुष्य) ज्ञान प्राप्त करता है और जिसको ज्ञान प्राप्त हो जाता है, वह तत्काल ही दिव्य (सर्वोत्तम/अलौकिक) शांति अर्थात् मोक्ष प्राप्त करता है।[1] दूसरे शब्दों में, आत्मज्ञान होने पर मनुष्य आवागमन के चक्र से मुक्त हो जाता है। (4/38–39)

जिन मनुष्यों की बुद्धि परमात्मा में लगी हुई है, जिनकी आत्मा

---

1. ''अपने कर्म और ज्ञान के अनुसार ही प्राणी किसी योनि में जन्म लेते हैं और कितने ही प्राणी मोक्ष प्राप्त कर लेते हैं।'' (कठोपनिषद, 2/2/7)

परमात्मा में ही एकीभाव से स्थित है, जिनकी निष्ठा परमात्मा में है, अर्थात् परमात्मा जिनकी भक्ति का केंद्र-बिंदु है तथा जो परमात्मा के शरणागत हैं, उनके पाप ज्ञान के द्वारा समाप्त हो जाते हैं। इसलिए ऐसे मनुष्यों की पुनरावृत्ति (पुनर्जन्म) नहीं होती और वे परमगति (मोक्ष) को प्राप्त हो जाते हैं। (5/17)

जो मनुष्य अपनी अंतरात्मा में ही सुख पा लेता है, आत्मा में ही रमण करता है (आनंद पा लेता है) तथा आत्मा में ही ज्ञान पा लेता है (आत्मज्ञानी है), वह योगी ब्रह्म में मोक्ष (ब्रह्ममोक्ष) प्राप्त करके ब्रह्म को प्राप्त कर लेता है। (5/24)

जिनके सब पाप नष्ट हो गए हैं, जिनके सारे संशय मिट गए हैं, जिनके मन आत्म-साक्षात्कार में लीन हैं तथा जो संपूर्ण प्राणियों के हित में रत हैं, अर्थात् जो सभी जीवों के कल्याण कार्य में व्यस्त रहते हैं; जो काम-क्रोध से वियुक्त (रहित) हैं, जिन्होंने अपने मन को जीत लिया है तथा जिनको आत्मज्ञान है, ऐसे पुण्यात्माओं (पवित्र मनुष्यों) को ब्रह्मनिर्वाण (मोक्ष) प्राप्त होता है। (5/25-26)

जो पुरुष अंतकाल में ईश्वर का स्मरण करते हुए अपने शरीर को त्यागता है, वह ईश्वर के अस्तित्व की स्थिति को प्राप्त करता है, अर्थात् परमात्मा के स्वरूप को प्राप्त होता है, इसमें कुछ भी संशय नहीं है। जो मनुष्य 'ॐ' इस एक अक्षर रूप ब्रह्म का उच्चारण करते हुए तथा ईश्वर का स्मरण करते हुए अपने शरीर को त्यागता है, वह परमगति (मोक्ष) को प्राप्त करता है। (8/5,13,16)

जो मनुष्य ब्रह्म को जानता है,[1] यदि वह अग्निदेव के प्रभाव में, प्रकाश में, दिन के समय में, शुक्ल पक्ष में तथा सूर्य के उत्तरायण के छह महीनों में अपने प्राण त्यागता है तो वह ब्रह्म को प्राप्त होता है, अर्थात्

1. "यदि मनुष्य अपने शरीर को त्यागने से पूर्व ही उसमें ब्रह्म को जान लेता है तो उसे मोक्ष प्राप्त हो जाता है।" (कठोपनिषद्, 2/3/4)

उसको मोक्ष मिल जाता है। संसार से प्रयाण करने (विदा होने) के दो मार्ग हैं—देवयान (शुक्ल पक्ष) तथा पितृयान (कृष्ण पक्ष)।[1] मृत्यु के पश्चात् देवयान मार्ग से जानेवाला मनुष्य इस संसार में वापस नहीं लौटता, अर्थात् वह मोक्ष प्राप्त कर लेता है। (8/24,26)

जब मनुष्य अपने समस्त कर्म ईश्वर को अर्पण करके संपन्न करता है तो ऐसे संन्यास-योग आत्मावाला मनुष्य उन कर्मों के शुभ व अशुभ फलस्वरूप होनेवाले कर्मबंधन से मुक्त हो जाता है एवं उनसे मुक्त होकर ईश्वर को प्राप्त कर लेता है; और जो ईश्वर को प्राप्त कर लेता है, उसका पुनर्जन्म नहीं होता, अर्थात् उसे मोक्ष मिल जाता है। (8/15; 9/28)

जो मनुष्य आत्मा, प्रकृति तथा प्रकृति के तीनों गुणों (सत्त्व, रज व तम) के विषय में जानता है, वह सब प्रकार से कर्म करता हुआ भी फिर से जन्म नहीं लेता, अर्थात् वह मोक्ष प्राप्त कर लेता है। जो मनुष्य प्रकृति के तीनों गुणों के अतिरिक्त किसी को कर्ता नहीं देखता और इन तीनों गुणों से परे स्थित परमात्मा के स्वरूप को ठीक से देखता है, वह परमेश्वर के स्वरूप को ही प्राप्त होता है। जब देहधारी आत्मा इन तीन गुणों से ऊपर उठ जाता है, तब वह जन्म, मृत्यु, वृद्धावस्था तथा दुःखों से मुक्त हो जाता है, अमृतत्व (मोक्ष) को प्राप्त कर लेता है। जो सदाचारी मनुष्य भक्तियोग के द्वारा परमात्मा की सेवा (भजन-पूजन) करता है, वह भी प्रकृति के तीनों गुणों को लाँघकर ब्रह्मपद तक पहुँचने में समर्थ हो जाता है, अर्थात् मोक्ष प्राप्त करने के योग्य हो जाता है। (13/23; 14/19-20,26)

अंधकार (नरक) के तीन द्वारों (काम, क्रोध व लोभ) से विमुक्त

---

1. पाप-पुण्य भोगने के ये दोनों मार्ग यजुर्वेद में वणित हैं—पितृयान मार्ग, अर्थात् विद्या-विज्ञान-रहित मनुष्यों को मार्ग; देवयान मार्ग, अर्थात् ज्ञानियों तथा देवों का मार्ग।

मनुष्य वह आचरण (कर्म) करता है, जो उसकी आत्मा के लिए कल्याणकारी हो, तत्पश्चात् वह परमगति (मोक्ष) को प्राप्त हो जाता है; परंतु जो शास्त्रों में निर्दिष्ट कर्तव्य-कर्मों को त्यागकर काम (इच्छा) के वशीभूत होकर मनमाने ढंग से कर्म करता है, वह न तो सिद्धि (सफलता) को प्राप्त करता है, न सुख को और न परमगति (मोक्ष) को ही। (16/22-23)

सर्वत्र आसक्ति (अनुराग) रहित बुद्धिवाला, जीते हुए आत्मावाला तथा स्पृहा-रहित (भौतिक इच्छाओं से रहित) मनुष्य संन्यास (सकाम कर्म-त्याग) के द्वारा उस नैष्कर्म्य-सिद्धि (निष्काम कर्म की सफलता) को प्राप्त कर लेता है, जिसे प्राप्त करके मनुष्य ब्रह्म (मोक्ष) को प्राप्त कर लेता है। (18/49-50)

विशुद्ध बुद्धि से युक्त, धैर्य से स्वयं को वश में कर लेनेवाला, इंद्रिय-विषयों को त्यागनेवाला, राग-द्वेष (आसक्ति और घृणा) समाप्त कर देनेवाला, एकांत स्थान में रहनेवाला, अल्पाहारी, वाणी-शरीर-मन को नियंत्रण में रखनेवाला, सर्वदा ध्यानयोग में लीन, वैराग्य का आश्रय लेनेवाला, अहंकार-बल-घमंड-काम-क्रोध-परिग्रह (भौतिक वस्तुओं का संग्रह) का त्याग करनेवाला, ममता-रहित और शांत रहनेवाला मनुष्य ब्रह्म में एकीभाव होने के (अर्थात् मोक्ष प्राप्त करने के) योग्य हो जाता है। (18/51-53)

ब्रह्म में एकीभाव से स्थित होकर प्रसन्न अंत:करणवाला मनुष्य न तो शोक करता है और न कोई आकांक्षा (इच्छा) करता है। समस्त प्राणियों में समभाव रखनेवाला ऐसा मनुष्य परमात्मा की परा (उत्तम) भक्ति को (अर्थात् तत्त्वज्ञान की पराकाष्ठा को) प्राप्त कर लेता है। उस पराभक्ति के द्वारा वह परमात्मा को सत्यतः जान लेता है और तत्पश्चात् परमात्मा में प्रविष्ट हो जाता है, अर्थात् मोक्ष प्राप्त कर लेता है। (18/54-55)

परमात्मा के आश्रय में (परमात्मा की शरण में) गया हुआ मनुष्य

समस्त कर्मों को सदा करता हुआ भी परमात्मा की कृपा से परमात्मा के शाश्वत, अविनाशी धाम को पहुँचता है, अर्थात् मोक्ष प्राप्त कर लेता है। (18/56)

निष्कर्ष : मोक्ष का अर्थ है—पुनर्जन्म से मुक्ति। अर्थात् संसार में आवागमन के चक्र से छुटकारा, दुःखों का सदा के लिए अंत। मोक्ष प्राप्त होने के पश्चात् मनुष्य की जीवात्मा परमात्मा में विलीन हो जाती है और फिर इस संसार में पुनर्जन्म नहीं लेती। मोक्ष प्राप्त करना अत्यंत कठिन कार्य है। प्रत्येक व्यक्ति को मोक्ष नहीं मिलता। 'गीता' में मोक्ष-प्राप्ति के विभिन्न साधन इस प्रकार बताए गए हैं—आसक्ति का त्याग करके कर्म करना (निष्काम कर्म करना); आत्म-परमात्म ज्ञान प्राप्त करना; सभी प्राणियों के कल्याण कार्य में व्यस्त रहना (निष्काम सेवा); ॐ का उच्चारण करते हुए तथा ईश्वर का ध्यान करते हुए प्राणों का त्याग करना; समस्त कर्मों को ईश्वर को अर्पण करते हुए करना; प्रकृति के तीनों गुणों से ऊपर उठना, अर्थात् गुणातीत होना; काम-क्रोध-लोभ-अहंकार-परिग्रह-ईर्ष्या से विमुक्त होना; समस्त प्राणियों में समभाव; इंद्रियों पर आत्म-नियंत्रण तथा सूर्य के उत्तरायण के छह महीनों में प्राण त्यागना।

□

ईश्वर

'गीता' में भगवान् श्रीकृष्ण ने ईश्वर को विभु, महेश्वर, परमात्मा, ब्रह्म तथा परमेश्वर कहकर संबोधित किया है। ईश्वर भगवान् से भिन्न है तथा सर्वोपरि है, यह सुनिश्चित है। भगवान् शब्द का प्रयोग एक उपाधि के रूप में किसी पूजनीय/श्रद्धेय देवता अथवा प्राणी के लिए किया जाता है; जैसे विष्णु, शिव, कृष्ण, महात्मा बुद्ध, महावीर स्वामी आदि।

यह ब्राह्मी स्थिति अर्थात् ब्रह्म को प्राप्त हुए मनुष्य की स्थिति है—इंद्रिय-तृप्ति की भौतिक कामनाओं का त्याग, इच्छा-रहित होना, ममता-रहित होना तथा अहंकाररहित होना। इस स्थिति को प्राप्त हुआ मनुष्य शांति प्राप्त करता है, कभी मोहित (भ्रमित) नहीं होता तथा अंतकाल में इसी स्थिति में स्थित होकर ब्रह्मनिर्वाण (मोक्ष) को प्राप्त करता है। (2/71-71)

कर्म ब्रह्म से उत्पन्न जानो तथा ब्रह्म अक्षर (अविनाशी/अक्षय) से उत्पन्न होता है। अत: सर्वव्यापी ब्रह्म शाश्वत रूप से यज्ञ (शुभ अनुष्ठान/शुभ कृत्य) में प्रतिष्ठित (स्थित) है। (3/15)

जो व्यक्ति ब्रह्म में लीन हो जाता है, उसके लिए यज्ञ में अर्पण (चढ़ावा) भी ब्रह्म है; हवन भी ब्रह्म है और ब्रह्मरूप कर्ता के द्वारा ब्रह्मरूप अग्नि में आहुति देने की क्रिया भी ब्रह्म है। यह अनुभूति होने

के पश्चात् जो मनुष्य ब्रह्म में आत्मसात् (विलीन/समाविष्ट) होकर अपने समस्त कर्मों को करता है, वह इस प्रकार ब्रह्म तक पहुँचने के योग्य हो जाता है। योगीजन देवताओं की उपासना रूपी यज्ञ का ही भलीभाँति अनुष्ठान करते हैं तथा अन्य योगीजन ब्रह्मरूप अग्नि में यज्ञ के द्वारा ही यज्ञ का हवन किया करते हैं, अर्थात् आत्मा-परमात्मा-प्रकृति के ज्ञान द्वारा ब्रह्म में एकीभाव से स्थित हो जाते हैं। यज्ञ से बचे हुए अमृत को पीनेवाले योगीजन सनातन ब्रह्म को प्राप्त होते हैं। इसके विपरीत, यज्ञ न करनेवालों का तो यह पृथ्वीलोक भी नहीं है, अर्थात् वे इस लोक में सुखी नहीं रहते तो फिर कोई अन्य लोक (परलोक) उन्हें कैसे सुखदायक हो सकता है? (4/23-25,31)

जो मनुष्य सब कर्मों को ब्रह्म को अर्पण करके तथा आसक्ति को त्यागकर करता है, वह उसी प्रकार पाप से लिप्त (दूषित) नहीं होता जिस प्रकार कमल के पत्ते को जल प्रभावित नहीं कर पाता; क्योंकि जल की बूँद उस पर ठहरते हुए भी उससे अलग रहती है। (5/10)

सर्वव्यापी विभु (ईश्वर) न किसी के पाप कर्म को और न किसी के शुभ कर्म को ही ग्रहण करता है। (5/15)

ब्रह्म निर्दोष है और सम है, अर्थात् सबको अभिन्न (बराबर/एक-सा) देखता है। ब्रह्मज्ञानी मनुष्य ब्रह्म में ही स्थित होता है, अर्थात् ब्रह्म को समझ लेता है और उस पर पहुँच जाता है। ब्रह्म के ध्यानयोग में अभिन्न भाव से स्थित मनुष्य अक्षय (अनश्वर) आनंद का अनुभव करता है। (5/19-21)

जो मनुष्य परमात्मा को सब यज्ञ और तपों का भोगनेवाला, संपूर्ण लोकों का महेश्वर (परमेश्वर) तथा संपूर्ण प्राणियों का सुहृदय (स्वार्थ-रहित दयालु व प्रेमी) जानता है, वह शांति प्राप्त करता है। (5/29)

जिसने अपनी आत्मा पर विजय प्राप्त कर ली है, अर्थात् जिसकी आत्मा कोई भी त्रुटि अथवा पाप नहीं करती और जिसने अपने मन को

वश में करके उसकी वृत्तियों (व्यापारों) को भलीभाँति शांत किया हुआ है, ऐसे स्वाधीन आत्मावाला मनुष्य पूर्णरूप से परमात्मा में समाहित (स्थित) रहता है, भले ही उसे सर्दी-गरमी, सुख-दुःख तथा मान-अपमान का सामना करना पड़े। (6/7)

जिस योगी का मन भली प्रकार शांत है, जिसकी कामेच्छाएँ शांत हो चुकी हैं, जो निष्कलंक (पाप से रहित) है तथा जो ब्रह्म के साथ एकीभाव हो चुका है, ऐसा योगी उत्तम (सर्वोच्च) सुख प्राप्त करता है। ऐसा पाप-रहित आत्मसंयमी योगी ब्रह्म के सान्निध्य में रहकर अनंत सुख का अनुभव करता है। (6/27-28)

जो वृद्धावस्था तथा मृत्यु से मोक्ष (मुक्ति) चाहते हैं, वे ईश्वर का आश्रय (शरण) लेते हैं और वे ब्रह्म को, संपूर्ण अध्यात्म (आत्मा, प्रकृति आदि) को और संपूर्ण कर्म (कर्मों के रहस्य) को जानते हैं। (7/29)

ब्रह्म अक्षर (अनश्वर) है तथा सर्वश्रेष्ठ है। (8/3)

'ॐ' एक अक्षर रूप ब्रह्म है।[1] (8/13)

मूर्ख लोग यह नहीं जानते कि महेश्वर (परमेश्वर) समस्त अस्तित्वों का स्वामी होता है। (9/11)

मनुष्य के शरीर में एक स्वामी और भोक्ता है, जो उपद्रष्टा तथा आज्ञा देने वाला भी है। वह महेश्वर अर्थात् सभी देवताओं का स्वामी (ईश्वर) है तथा परमात्मा (सर्वश्रेष्ठ आत्मा) है। जो मनुष्य परमेश्वर को सभी प्राणियों में समभाव (रागान रूप) रो वास करते हुए देखता है तथा यह भी देखता है कि प्राणियों के नश्वर शरीर में स्थित परमात्मा कभी विनष्ट नहीं होता, क्योंकि वह अनश्वर (सनातन/शाश्वत) है, वास्तव में वही मनुष्य यथार्थ (सत्य/सही) देखता है; क्योंकि जो मनुष्य

1. 'ॐ अक्षर ही ब्रह्म है।' (कठोपनिषद्, 1/2/16)

ईश्वर को सभी जगह समभाव (समान रूप) से उपस्थित देखता है, वह अपने आत्मा (मन) से आत्मा को (स्वयं को) हीन (अधम/निम्न कोटि का) नहीं बनाता और इसीलिए वह परम गति (मोक्ष) को प्राप्त होता है। जब मनुष्य प्राणियों के पृथक्-पृथक् भाव (अस्तित्व) को एक परमात्मा में ही स्थित देखता है तथा उस परमात्मा से ही संपूर्ण प्राणियों का विस्तार देखता है, तब वह ब्रह्म को प्राप्त हो जाता है; क्योंकि परमात्मा नित्य (शाश्वत/प्रारंभ-रहित) तथा निर्गुण है, इसलिए वह शरीर में स्थित होते हुए भी वास्तव में न तो कुछ करता है और न ही लिप्त (आसक्त) होता है। (13/22, 27-28, 30-32)

ब्रह्म-स्वरूप प्रकृति संपूर्ण प्राणियों की योनि (जन्म-स्रोत) है। ब्रह्म उस योनि में गर्भ उत्पन्न करता है, तत्पश्चात् उससे समस्त प्राणियों को जन्म होता है। सभी योनियों (गर्भाधान स्थानों) में जो भी शरीरधारी प्राणी उत्पन्न होते हैं, प्रकृति तो उनकी गर्भधारण करनेवाली माता है और ब्रह्म योनि में बीज को स्थापित करनेवाला पिता है। (14/3-4)

जो मनुष्य अव्यभिचारी भक्तियोग के द्वारा (अर्थात् स्वार्थ और अभिमान को त्यागकर श्रद्धा और भावना सहित प्रेमपूर्वक) ब्रह्म की सेवा करता है अर्थात् उसका भजन-पूजन करता है वह प्रकृति के तीन गुणों (सत्त्व, रज व तम) को लाँघकर ब्रह्म-स्वरूप होने के योग्य बन जाता है। (14/26)

इस संसार में संपूर्ण प्राणियों के शरीर तो नाशवान् हैं, परंतु उनका आत्मा अविनाशी है। इन दोनों के अतिरिक्त एक परमात्मा अथवा ईश्वर है, जो तीनों लोकों (भूलोक, स्वर्गलोक, पाताललोक) में प्रवेश करके सबका पालन-पोषण करता है। (15/17)

ॐतत् सत्[1] (ॐ = ब्रह्म का सूचक; तत् = वह, अर्थात् ब्रह्म का

1. ब्रह्म के तीन संकेताक्षर।

ही यह सब है; सत् = सत्य/शाश्वत/उत्तम कर्म)—ये तीनों ब्रह्म के संकेताक्षर हैं। ब्रह्मवादियों का यज्ञ, दान, तप तथा अन्य क्रियाएँ 'ॐ' इस ब्रह्म के नाम के उच्चारण से ही प्रारंभ होती हैं। (17/23-24)

निष्काम कर्म के द्वारा सफलता/पूर्णता प्राप्त करके मनुष्य उस ब्रह्म को प्राप्त कर लेता है, जो ज्ञान की पराकाष्ठा (चरम सीमा) है। (18/50)

ईश्वर समस्त प्राणियों के हृदय में निवास करता है (स्थित है)। (18/16)

निष्कर्ष : श्रीकृष्ण ने 'गीता' में ईश्वर को विभु (सर्वव्यापी), महेश्वर (सर्वशक्तिमान), परमात्मा (सर्वश्रेष्ठ आत्मा), ब्रह्म (ब्रह्मांड का दैवी स्रोत) तथा परमेश्वर (सर्वश्रेष्ठ स्वामी) कहकर संबोधित किया है। ईश्वर भगवान् से भिन्न है तथा सर्वोपरि है। सर्वव्यापी विभु न किसी के पाप कर्म को और न किसी के शुभ कर्म को ही ग्रहण करता है। ब्रह्म निर्दोष है और सबको समान देखता है। ब्रह्म अनश्वर है तथा सर्वश्रेष्ठ है। 'ॐ' एक अक्षर रूप ब्रह्म है। महेश्वर समस्त अस्तित्वों का स्वामी होता है। प्राणियों के शरीर में स्थित परमात्मा कभी विनष्ट नहीं होता; क्योंकि वह शाश्वत है। परमात्मा नित्य तथा निर्गुण है। परमात्मा शरीर में स्थित होते हुए भी वास्तव में न तो कुछ करता है और न ही किसी चीज में लिप्त होता है। जो मनुष्य स्वार्थ और अभिमान को त्यागकर, श्रद्धा और भावना-रहित प्रेमपूर्वक ब्रह्म की उपासना करता है, वह प्रकृति के तीनों गुणों को लाँघ जाता है। ईश्वर समस्त प्राणियों के हृदय में निवास करता है। ब्रह्म ज्ञान की पराकाष्ठा है। निष्काम कर्म के द्वारा मनुष्य ब्रह्म को प्राप्त कर सकता है।

□

भगवद्गीता के कतिपय अनमोल वचन

(i) अपने हृदय की तुच्छ दुर्बलता (कायरता/नपुंसकता) को त्यागकर परिस्थितियों से संघर्ष करो। (2/3)

(ii) विद्वान् पुरुष (आत्मज्ञानी) न तो मृत के लिए शोक करता है और न ही जीवित के लिए। (2/11)

(iii) जिस प्रकार मनुष्य अपने पुराने वस्त्रों को त्यागकर नए वस्त्रों को धारण करता है, उसी प्रकार जीवात्मा पुराने शरीरों को त्यागकर दूसरे नए शरीरों को धारण करता है। (2/22)

(iv) आत्मा को शस्त्र काट नहीं सकते, अग्नि जला नहीं सकती, जल गीला नहीं कर सकता तथा वायु सुखा नहीं सकती। (2/23)

(v) सम्मानित व्यक्ति के लिए अपकीर्ति (अपयश) मरण (मृत्यु) से भी बढ़कर है। (2/24)

(vi) निर्द्वंद्व (निश्चिंत) तथा आत्मवान् (स्वाधीन अंत:करणवाला) बनो। (2/45)

(vii) कर्म करने में ही मनुष्य का अधिकार है, कर्म-फल में कभी नहीं। (कर्म-फल परमात्मा के हाथ में है। 2/47)

(viii) आसक्ति (अनुराग) त्यागकर तथा सफलता-असफलता की

चिंता छोड़कर अपने कर्तव्य-कर्मों का पालन करो। (2/48)

(ix) कर्मों में कुशलता ही योग है। (कर्मों में कुशलता का अर्थ है—समबुद्धि-युक्त होकर, द्वंद्व-रहित होकर अर्थात् सफलता-असफलता, हानि-लाभ, जय-पराजय आदि द्वंद्वों की चिंता किए बिना ही अपने कर्तव्य-कर्म करना।)(2/50)

(x) अनुराग, भय तथा क्रोध को त्यागकर मनुष्य स्थिर बुद्धिवाला बन जाता है। (2/56)

(xi) जिस प्रकार कछुआ सब ओर से अपने अंगों को समेटकर अपने खोल के अंदर कर लेता है, उसी प्रकार जब मनुष्य अपनी इंद्रियों को उनके विषयों (आनंददायक भौतिक पदार्थों) से हटा लेता है, तब वह स्थिर बुद्धिवाला हो जाता है। (2/58)

(xii) क्रोध से मूर्खता (व्याकुलता) उत्पन्न होती है, मूर्खता से स्मृति (स्मरण-शक्ति) में भ्रम उत्पन्न हो जाता है, स्मरण-शक्ति भ्रमित हो जाने से बुद्धि नष्ट हो जाती है, बुद्धि नष्ट होने से मनुष्य का विनाश हो जाता है। (2/63)

(xiii) प्रसन्नचित्त रहने से संपूर्ण दुःखों का नाश हो जाता है। (2/65)

(xiv) मन और इंद्रियों को नियंत्रण में रख सकने में असमर्थ मनुष्य में बुद्धि नहीं होती अर्थात् बुद्धिमान व्यक्ति मन और इंद्रियों को अपने वश में रखता है और बुद्धिहीन मनुष्य के अंतःकरण में भावना भी नहीं होती। भावनाहीन मनुष्य को शांति नहीं मिलती और शांति-रहित मनुष्य को सुख नहीं मिल सकता। (2/66)

(xv) जो मनुष्य समस्त कामनाओं को त्यागकर ममता-रहित ('मैं और मेरा' अर्थात् 'मेरापन' की भावना) और अहंकार-रहित

जीवनयापन करता है, उसी को शांति प्राप्त होती है। (2/71)

(xvi) वास्तव में समस्त कर्म प्रकृति के तीन गुणों (सत्त्व, रज, तम) द्वारा संपन्न किए जाते हैं, फिर भी अहंकार से बेसुध/व्याकुल अज्ञानी मनुष्य ऐसा मानता है कि उन समस्त कर्मों का 'मैं कर्ता हूँ'। (3/27)

(xvii) काम (भोगेच्छा/संभोग-भाव) रजोगुण से उत्पन्न होता है। यह मनुष्य का शत्रु है। जिस प्रकार धुएँ से अग्नि, मैल से दर्पण तथा जेर (झिल्ली) से भ्रूण (गर्भ) ढका रहता है, उसी प्रकार काम के द्वारा मनुष्य की बुद्धि ढकी रहती है। इंद्रियाँ, मन और बुद्धि काम के निवास-स्थान हैं। इन्हीं के द्वारा काम मनुष्य की सोच को भ्रष्ट कर देता है और मनुष्य को मोहित (भ्रमित/मूढ़) कर देता है। इसलिए मनुष्य को चाहिए कि वह ज्ञान-विज्ञान का विनाश करनेवाले महान् पापी काम का अवश्य ही बलपूर्वक दमन करे। आत्मा को श्रेष्ठ जानकर अपनी बुद्धि के द्वारा मन को वश में करके मनुष्य इस कामरूप दुर्जय शत्रु का दमन कर सकता है। (3/37-41; परंतु काम सर्वदा त्याज्य नहीं है—मनुष्यों में धर्मानुकूल काम 'गीता' में ईश्वर-प्रदत्त माना गया है। (7/11)

(xviii) ईर्ष्या का सर्वदा त्याग करो। (4/22)

(xix) जो व्यक्ति श्रद्धावान् है, ज्ञान प्राप्त करने के लिए आसक्त (व्यस्त) है और जितेंद्रिय है, ऐसा व्यक्ति ही ज्ञान प्राप्त करता है और ज्ञान प्राप्त करके शीघ्र ही दिव्य शांति प्राप्त करता है। (4/39)

(xx) कर्मयोगी बनो, निष्काम (अनासक्ति-रहित) होकर कर्म करो, केवल कर्म में ही अपनी पूर्ण आस्था रखकर कर्म करो, अपने अंतःकरण की शुद्धि के लिए कर्म करो। यह जानो कि सकाम

कर्म, आसक्ति-युक्त कर्म ही मनुष्य के बंधन (पुनर्जन्म) का कारण होते हैं और वे ही मोक्ष-प्राप्ति में बाधक होते हैं। (5/10-12)

(xxi) समस्त प्राणियों के हित (कल्याण) में लगे हुए मनुष्य ही ब्रह्मनिर्वाण (मोक्ष) प्राप्त करते हैं। (5/25, 12/4)

(xxii) अपने मन और इंद्रियों को वश में करने के लिए योगाभ्यास करना चाहिए। योगाभ्यास दुःखों को दूर करनेवाला होता है। योगाभ्यास करने से मन पूर्णतया संयमित (स्थिर) हो जाता है। योगाभ्यास बिना निराश हुए, दृढ़ निश्चय, धैर्य और उत्साह के साथ करना चाहिए। (6/12,17, 20, 23)

(xxiii) दूसरों के लिए कल्याण कार्यों (भलाई के कार्यों) को करनेवाले मनुष्य की कभी भी दुर्गति नहीं होती। (6/40)

(xxiv) सर्वश्रेष्ठ अक्षर ब्रह्म है। 'ॐ' अक्षर रूप (अक्षर के रूप में) ब्रह्म है। 'ॐ' ब्रह्म का नाम है। परम ॐकार का उच्चारण करते हुए तथा निर्गुण ब्रह्म का स्मरण करते हुए जो मनुष्य अपने शरीर का त्याग करता है, वह मोक्ष प्राप्त करता है, फिर उसका पुनर्जन्म नहीं होता। (8/3; 15; 9/16; 10/33; 17/23)

(xxv) ईश्वर समस्त जगत् में भी व्याप्त है और समस्त प्राणियों के हृदय में भी स्थित है। वह सभी प्राणियों के हृदय में स्थित आत्मा है। आत्मा वास्तव में परमात्मा ही है, क्योंकि प्राणियों में आत्मा परमात्मा का ही सनातन (सदा से चला आनेवाला) अंश है। ईश्वर सबके समक्ष प्रकाशित (स्पष्ट) नहीं होता। अनन्य भक्ति के माध्यम से ईश्वर को जाना जा सकता है। (7/25; 8/22; 10/20; 11/54; 13/13,17,22; 15/7; 18/61)

(xxvi) जो मनुष्य अविचल (स्थिर) भाव से अपने मन को ईश्वर में स्थिर करके अपनी सारी बुद्धि को उसमें नहीं लगा सकता,

अर्थात् जो ज्ञानयोगी नहीं बन सकता, उसे अभ्यासयोग के द्वारा ईश्वर को प्राप्त करने की इच्छा और कोशिश करनी चाहिए। [अभ्यासयोग का अर्थ है—भक्तियोग के विधि-विधानों का पालन करना। दूसरे शब्दों में, ईश्वर के नाम और गुणों का बारंबार श्रवण, कीर्तन, मनन और जप करना।] यदि वह मनुष्य पूर्वोक्त अभ्यास में भी असमर्थ है तो उसे ईश्वर के लिए ही कर्म करने का अति आसक्त होना चाहिए; इससे भी ईश्वर की सिद्धि प्राप्त होगी। (12/8-10)

(xxvii) धन का स्वामी कुबेर है। (10/23)

□

भगवद्गीता का यथार्थ मानांकन : गीता-उपदेश : गीतासार

(अ) विभिन्न विद्वानों के मत में गीता-संदेश

स्वामी रामकृष्ण परमहंस ने कहा है कि गीता का मूलभूत संदेश 'गीता' शब्द को बार-बार उच्चरित करके प्राप्त किया जा सकता है। जब हम बार-बार 'गीता, गीता, गीता' कहना प्रारंभ करते हैं तो हम स्वयं यह पाते हैं कि यह कथन अंततोगत्वा (अंत में) 'ता-गी, ता-गी, ता-गी' में परिवर्तित हो जाता है। 'तागी' अर्थात् 'त्यागी'। हमारे विचार से 'त्यागी' का अर्थ है—जिसने ईश्वर-प्राप्ति के लिए सबकुछ, अर्थात् अरिष्ट वर्ग को (काम, क्रोध, मद अर्थात् अहंकार, आसक्ति, ईर्ष्या और भय को) त्याग दिया है।

महात्मा गांधी लिखते हैं—"मुझे गीता का उद्देश्य यह लगता है कि वह आत्मज्ञान प्राप्त करने का सर्वोत्तम मार्ग दर्शाती है।" और आत्मज्ञान को निष्काम कर्म के माध्यम से प्राप्त किया जा सकता है, "इच्छा-रहित कर्म द्वारा, कर्म-फलों के त्याग द्वारा, समस्त कर्मों के ईश्वरार्पण द्वारा, अर्थात् स्वयं को शरीर एवं आत्मा के साथ ईश्वर को अभ्यर्पित करने के द्वारा।"

एकनाथ ईश्वरन लिखते हैं कि 'गीता' का विषय है—"अपने अंतर्गत युद्ध, आत्मसंयम के लिए युद्ध, जिसे प्रत्येक मनुष्य को लड़ना

चाहिए, यदि वह अपने जीवन में विजेता होना चाहता है,'' और ''युद्ध की परिभाषा प्रायः धर्मग्रंथों में पाई जाती है; क्योंकि यह (युद्ध) प्रस्तुत करता है—कठोर, दीर्घ, विस्तृत अभियान, जिसे हमें अवश्य प्रारंभ करना चाहिए, अपने आपको अहं की तानाशाही से मुक्त करने के लिए, जो तानाशाही समस्त पीड़ाओं (कष्टों) और क्लेशों (परेशानियों) का कारण है।''

जे. रॉबर्ट ओपनहेमर, अमेरिकन भौतिक-विज्ञानी तथा मैनहट्टन परियोजना के संचालक, ने 1933 में संस्कृत भाषा सीखी और भगवद्गीता की मूल प्रतिलिपि को पढ़ा और बाद में उसको (गीता को) अपने जीवन-दर्शन को आकार देनेवाली सर्वाधिक प्रभावोत्पादक पुस्तकों में से एक उद्धृत (उल्लिखित) किया। संसार का प्रथम परमाणु परीक्षण वर्ष 1945 में देखने के पश्चात् ओपनहेमर ने बाद में यह दावा किया कि उसने मन में यह उद्धरण सोचा था, ''अब मैं मृत्यु हो गया हूँ, संसारों का विनाशक।'' उसका यह उद्धरण 'गीता' के ग्यारहवें अध्याय के बत्तीसवें श्लोक से प्रभावित (प्रेरित) था, जो इस प्रकार है—

''कालोऽस्मि लोकक्षय कृत्प्रवृद्धो लोकान् समाहर्तुमिह प्रवृत्तः।
ऋतेऽपि त्वां न भविष्यन्ति सर्वे ये अवस्थिताः प्रत्यनीकेषु योधाः॥''

अर्थात् मैं, परमात्मा, लोकों का नाश करनेवाला बढ़ा हुआ महाकाल हूँ। इस समय इन लोकों को नष्ट करने के लिए प्रवृत्त हुआ हूँ। इसलिए जो प्रतिपक्षियों की सेना में स्थित योद्धा लोग हैं, वे सब, तेरे बिना भी, नहीं रहेंगे—अर्थात् तेरे युद्ध न करने पर भी इन सबका नाश हो जाएगा। (यहाँ पर परमात्मा सृजन तथा विनाश दोनों का उत्तरदायित्व स्वयं पर लेता है। महाकाल विश्व का प्रमुख संचालक है।)

(ब) गीता सार : हमारी दृष्टि में

'गीता' का पहला श्लोक है—

"धर्मक्षेत्रे कुरुक्षेत्रे समवेता युयुत्सवः।
मामकाः पाण्डवाश्चैव किम कुर्वत संजयः॥"

इस प्रकार वह पहला शब्द, जिससे 'गीता' का शुभारंभ होता है, 'धर्म' है। 'धर्म' का अर्थ किसी मजहब से नहीं है, जो पूजा पाठ के अपने विशिष्ट विधि-विधान निर्दिष्ट करता है, बल्कि 'धर्म' का अर्थ है 'औचित्य' अथवा 'कर्तव्य'। जब हम कहते हैं 'क्या धर्म है?' तो इसका अर्थ है 'क्या उचित है अथवा क्या कर्तव्य है?' सहज व सच्चा, अर्थात् स्वाभाविक तथा निष्कपट आचरण ही 'धर्म'[1] है।

'गीता' का अंतिम (700वाँ) श्लोक है—

"यत्र योगेश्वरः कृष्णो यत्र पार्थो धनुर्धरः।
तत्र श्रीर्विजयो भूतिर्ध्रुवा नीतिर्मतिर्मम॥"

इस प्रकार 'गीता' का समापन अंतिम शब्द 'मम' से होता है। यदि हम गीता के प्रथम तथा अंतिम दोनों शब्दों की संधि करें तो 'धर्म मम' वाक्यांश उत्पन्न होता है, जो संपूर्ण 'गीता' का निचोड़ (सार/तत्त्व) है। 'धर्म मम' का अर्थ है 'मेरा धर्म', 'मेरा कर्तव्य'। इस प्रकार 'गीता' आदेश करती है कि प्रत्येक व्यक्ति को यह पहचानना चाहिए कि विभिन्न परिस्थितियों में उसका धर्म क्या है? दूसरे शब्दों में, उसके लिए क्या करना उचित है अथवा उसका क्या कर्तव्य है? अपने कर्तव्य-कर्म को पहचानने के पश्चात् व्यक्ति को दृढ़ संकल्प, सच्चाई, उत्साह, निष्काम भाव से (अर्थात् ब्रह्म को समर्पित करते हुए) तथा द्वंद्व-रहित होकर (अर्थात् सफलता-असफलता, हानि-लाभ, सुख-दुःख, हार-

1. बाइबिल के अनुसार, "क्योंकि परमेश्वर का राज्य खाना-पीना नहीं, परंतु धर्म और मिलाप है…" (रोमियो, 14/17)। एक दूसरे स्थान पर बाइबिल कहती है कि "तुम अपनी धार्मिकता के आधार पर ही स्वर्ग के राज्य में प्रवेश कर पाओगे।" (मत्ती, 5/20)

जीत आदि भावों की चिंता किए बिना) उसका निष्पादन करना चाहिए। जब हम दृढ़ संकल्प आदि के साथ अपने कर्तव्य का पालन करते हैं तो परिणाम कोई भी हो, हमको सर्वदा संतोष तथा मानसिक सुख-शांति प्राप्त होती है। हमें अपनी परिस्थितियों का, ईश्वर पर विश्वास और भरोसा रखते हुए, साहस के साथ सामना करना चाहिए, उनसे भागना नहीं चाहिए।

'गीता' की चेतावनी यह है कि जीवन का अस्तित्व (विद्यमानता) कर्म ही है। हर बात केवल कर्म पर ही टिकी हुई है। हमारा सुख, शांति, भाग्य (संचित कर्म), योनि (तथाकथित चौरासी लाख में से) तथा योनि-मुक्तता अर्थात् मोक्ष—सभी कुछ कर्म पर ही निर्भर है। इसलिए मनुष्य को अपने प्रत्येक कर्म को अत्यंत सावधानी के साथ तथा पूर्ण सोच-विचार के पश्चात् ही करना चाहिए। प्रत्येक कर्म विवेकपूर्ण, नैतिक तथा न्यायसंगत होना चाहिए। लोक-कल्याण (परमार्थ) के लिए कर्म करना मोक्ष-प्राप्ति के लिए अत्यंत आवश्यक है; क्योंकि ऐसे कर्म अपनी प्रकृतिवश ब्रह्मार्पण होते हैं। इस संदर्भ में 'गीता' का निम्नलिखित श्लोक सटीक मार्गदर्शक है—

"यतः प्रवृत्तिर्भूतानां येन सर्वमिदं ततम्।
स्वकर्मणा तमभ्यर्च्य सिद्धिं विन्दति मानवः॥" (18/46)

इसका अर्थ है कि जिस परमेश्वर से सभी प्राणियों की उत्पत्ति हुई है और जिससे यह समस्त जगत् व्याप्त है, उस परमेश्वर की अपने कर्तव्य-कर्मों द्वारा पूजा करके मनुष्य सफलता/पूर्णता/मोक्ष प्राप्त कर लेता है—इतना महान् महत्त्व है कर्तव्य-कर्मों के पालन का।

पहले बताए गए (पृष्ठ 89) गीता के अंतिम (700वें) श्लोक का निष्कर्ष यह निकलता है कि आध्यात्मिक अवलोकन (कृष्ण) तथा सामाजिक सेवा (अर्जुन) , दोनों को साथ-साथ चलाना चाहिए। इसका

अर्थ यह है कि मानव-जीवन का उद्देश्य द्विमुखी है—प्रथम, व्यक्तिगत पूर्णता तथा द्वितीय, सामाजिक प्रगुणता (कार्य-कुशलता)। उच्च विचार (कृष्ण) तथा न्यायोचित कर्म (अर्जुन) का एक प्रकार का परिणय (विवाह) ही मानवीय पूर्णता है। गीतानुसार, यही विचार प्रत्येक मानव का लक्ष्य होना चाहिए।

'गीता' में ईश्वर-प्राप्ति अर्थात् मोक्ष पाने के तीन मुख्य मार्ग प्रस्तावित किए गए हैं—(1) ज्ञानयोग, (2) कर्मयोग तथा (3) भक्तियोग। ज्ञानयोग सर्वाधिक कठिन है; कर्मयोग समुचित हार्दिक प्रयत्नों के द्वारा संभव है; भक्तियोग एक दृष्टि से सबसे सरल है। इन तीनों का विस्तृत वर्णन पहले ही किया जा चुका है; परंतु फिर भी समझनेवाली महत्त्वपूर्ण बात यह है कि श्रीकृष्ण ने ज्ञानयोग, कर्मयोग और भक्तियोग तीनों ही योगों में एक जैसी बात कही है : ज्ञानयोग में—"जो आत्मा को संपूर्ण प्राणियों में और संपूर्ण प्राणियों को आत्मा में देखता है।" (6/29) कर्मयोग में : "जो कर्म में अकर्म और अकर्म में कर्म देखता है (4/18), अर्थात् कर्म करते हुए निर्लिप्त रहता है और निर्लिप्त रहते हुए भी दूसरों के हित के लिए कर्म करता है। (इन दोनों अवस्थाओं में रहनेवाली निर्लिप्तता ही मुख्य है।)" कर्म में अकर्म और अकर्म में कर्म—इन दोनों दशाओं में एक निर्लिप्तता सार होते हुए भी पहली स्थिति (अर्थात् कर्म में अकर्म) में कर्म करते हुए अथवा न करते हुए, इन दोनों अवस्थाओं में रहनेवाली निर्लिप्तता ही मुख्यता है, जबकि दूसरी स्थिति (अर्थात् अकर्म में कर्म) में निर्लिप्त रहते हुए कर्म करने अथवा न करने की मुख्यता है। तात्पर्य यह है कि निर्लिप्तता अपने लिए और कर्म संसार के लिए है। इसी प्रकार, "आसक्ति से रहित कर्तव्य कर्म (निष्काम कर्म) करता हुआ मनुष्य परमात्मा को प्राप्त कर लेता है।" (3/19) भक्तियोग में—"जो सब जगह ईश्वर को देखता है और ईश्वर में सबको देखता है।" (6/30)

ज्ञानयोग, कर्मयोग और भक्तियोग : तीनों में ही इस एक ही प्रकार की बात कहने का अर्थ यह है कि साधक जिस योग का अधिकारी हो, उसके मुख्य तत्त्व को वह असंदिग्ध रूप से समझ ले। ज्ञानयोग में 'आत्मा', कर्मयोग में 'अकर्म' (निर्लिप्तता) और भक्तियोग में 'ईश्वर' (परमात्मा/ब्रह्म) मुख्य है। तात्पर्य यह है कि 'आत्मा', 'अकर्म' (निर्लिप्तता/परमार्थ) और 'परामात्मा'—ये तीनों तत्त्व एक ही हैं।

'गीता' में ब्रह्म के सगुण (मूर्त/सशरीर) तथा निर्गुण (अमूर्त/नि:शरीर) दोनों ही रूपों की उपासना का विधान है। दोनों में से किसी भी रूप में ईश्वरोपासना करने से पूर्णता/मोक्ष प्राप्त होती है। निस्संदेह निर्गुण उपासना का मार्ग कठिन है, इसलिए साधारण मनुष्य उस पर सरलतापूर्वक नहीं चल सकता। अत: ऐसे मनुष्य के लिए सगुण उपासना ही उचित है। 'गीता' व्यक्तिगत देव के चयन की स्वतंत्रता देती है। कोई भी व्यक्ति किसी भी देवता को अपना आराध्य देव मानकर उसकी पूजा कर सकता है; परंतु गीतानुसार, देवताओं की पूजा करने से मोक्ष प्राप्त नहीं हो सकता, केवल काम्यफल (सांसारिक इच्छा-पूर्ति) ही प्राप्त हो सकते हैं। मोक्ष-प्राप्ति के लिए तो ईश्वर की भक्ति आवश्यक है।

भक्ति के संबंध में 'गीता' का संदेश यह भी है—''परमात्मा ही संपूर्ण जगत् की उत्पत्ति का कारण है और परमात्मा से ही समस्त जगत् प्रारंभ होता है। इस प्रकार समझकर श्रद्धा और भक्ति से युक्त बुद्धिमान भक्तजन उस परमेश्वर को ही निरंतर भजते हैं। निरंतर परमात्मा में मन लगानेवाले तथा परमात्मा में ही प्राणों को अर्पण करनेवाले भक्तजन परमात्मा की भक्ति की चर्चा के द्वारा आपस में परमात्मा के प्रभाव को जानते हुए तथा परमात्मा के गुणों व प्रभाव का कथन करते हुए ही निरंतर संतुष्ट होते हैं और परमात्मा में ही निरंतर रमण करते हैं, अर्थात् आनंद का अनुभव करते हैं। उनके ऊपर अनुग्रह करने के लिए उनके अंत:करण में स्थित हुआ परमात्मा स्वयं ही उनके अज्ञानजनित अंधकार

को प्रकाशमय तत्त्वज्ञान रूप दीपक के द्वारा नष्ट कर देता है।'' (10/8-11)

श्रीकृष्ण के कथन से यह स्पष्ट होता है कि उन्होंने भक्तियोग को समस्त योगों में प्रथम स्थान दिया है। ऐसा करना पूर्णतः न्यायसंगत/तर्कसंगत है, क्योंकि उन्होंने भक्ति में ज्ञानयोग तथा कर्मयोग दोनों के केंद्रीय लक्षण सम्मिलित कर दिए हैं। श्रीकृष्ण के अनुसार, ईश्वर-भक्त को ज्ञानी भी होना चाहिए और निष्काम कर्म करनेवाला भी। उनके द्वारा प्रस्तावित भक्ति कोई सामान्य सांसारिक पूजा-पाठ करना अथवा पूजा-स्थल (मंदिर आदि) पर जाकर चढ़ावा चढ़ाना और पूजा-अर्चना करना नहीं है, बल्कि वह ज्ञान और निष्काम कर्म पर आधारित है। श्रीकृष्ण ने ईश्वर-भक्त की योग्यता के संदर्भ में कई अनिवार्य गुणों का प्रावधान किया है। उन्होंने कहा है कि 'भक्त' कहलाने के लिए मनुष्य एकाग्रचित्त होकर ईश्वर का चिंतन करनेवाला ध्यानयोगी, ईश्वरार्पण करके कर्म करनेवाला (निष्काम कर्म करनेवाला), आसक्ति-रहित, वैर-भाव-रहित[1] इत्यादि होना चाहिए। भक्त के सभी गुणों का यथास्थान पहले ही वर्णन किया जा चुका है।

गीतानुसार काम, क्रोध, मद (अहंकार), आसक्ति, ईर्ष्या तथा भय—इन छह को अरिष्ट वर्ग में रखा गया है, अर्थात् ये कष्टकारी होते हैं। ये ही वे नकारात्मक लक्षण हैं, जो मनुष्य को मोक्ष-प्राप्ति से रोकते हैं।

मनुष्य को न्याय पाने के लिए नेक (सच्चा) युद्ध करना चाहिए। इसे 'धर्म- युद्ध' कहा गया है। धर्म-युद्ध हिंदुओं की 'अहिंसा' की धारणा का एक विकल्प स्वरूप है; परंतु इसे 'हिंसा' नहीं कहा जा सकता। स्वामी विवेकानंद कहते हैं कि यदि कोई व्यक्ति 'गीता' का यह

1. बाइबिल का भी केंद्रीय संदेश इस प्रकार है—''एक-दूसरे से प्रेम रखो... अपने वैरियों से प्रेम रखो।'' (जॉन, 13/34; मैथ्यू, 5/44)

श्लोक पढ़ लेता है तो उसे समस्त 'गीता' के गुणों का ज्ञान हो जाता है, क्योंकि इस श्लोक में गीता का संपूर्ण संदेश निहित है—

"क्लैब्यं मा स्म गमः पार्थ नेतत्त्वय्युपपद्यते। क्षुद्रं हृदयदौर्बल्यं त्यक्त्वोत्तिष्ठ परंतप॥"—अर्थात् हे अर्जुन! नपुंसक मत बन, तेरे लिए ऐसा बनना उचित नहीं है। हे शत्रुओं का दमन करनेवाले! अपने हृदय की तुच्छ दुर्बलता को त्यागकर युद्ध के लिए खड़ा हो जा। (2/3)

इस युद्ध की भूमिका में यहाँ यह बताना आवश्यक लगता है कि जीवन में कई बार ऐसी परिस्थितियाँ मनुष्य के सम्मुख आ खड़ी होती हैं, जिनमें कुछ इस प्रकार की शास्त्रोक्तियों पर सोचना पड़ जाता है—

(i) "न श्रेयः सततं तेजो न नित्यं श्रेयसी क्षमा।" अर्थात् सदैव क्रोध करना अथवा हमेशा क्षमा करना श्रेयस्कर (श्रेष्ठ/कल्याणकारी) नहीं होता। (महाभारत, शांतिपर्व, 162.24)

(ii) "एतावानेव पुरुषो यदमर्षी यदक्षमी।
क्षमावान्निरमर्षश्च नैव स्त्री न पुनः पुमान्॥"
(महाभारत, उ. 132.33)

—अर्थात् जिस मनुष्य को अन्याय पर क्रोध आता है, जो अपमान को सह नहीं सकता, वही पुरुष कहलाता है। जिस मनुष्य में अन्याय या अपमान के प्रति क्रोध या चिढ़ नहीं है, वह नपुंसक ही के समान है।

(iii) "जो दंडनीय है, उसे अवश्य ही दंड दिया जाना चाहिए।" (महात्मा बुद्ध)

हमारे विचार से—मनुष्य की प्रकृति मधुमक्खी के समान होनी चाहिए, जो बिना किसी भेदभाव के सभी को शक्तिवर्धक एवं रोगनाशक शहद प्रदान करती है; परंतु जब उस पर कोई हमला करता है तो वह हमलावर पर अपना डंक मारकर उसे दूर भगा देती है और डंक वाले स्थान पर सूजन, लाली, जलन, दुखन, चुभनेवाला दर्द, असहनीय ताप इत्यादि उत्पन्न करके यथायोग्य दंड भी दे देती है। मधुमक्खी परोपकारी एवं

शांतिप्रिय है, परंतु शौर्यहीन (वीरताहीन/सामर्थ्यहीन) नहीं।

यह जानना महत्त्वपूर्ण है कि भगवान् श्रीकृष्ण यह प्रस्ताव नहीं रखते कि भौतिक संसार को आवश्यक रूप से भुला दिया जाए अथवा उसकी अवहेलना की जाए; बल्कि इसके विपरीत, 'गीता' का संदेश यह है कि प्रत्येक व्यक्ति को पृथ्वी पर अपने जीवन को 'बृहत्तर (विशालतर) कानूनों तथा सत्यों' के अनुसार अवश्य ही जीना चाहिए, अर्थात् प्रत्येक व्यक्ति को अपने सांसारिक कर्तव्यों का आवश्यक रूप से निर्वाह करना चाहिए और साथ-ही-साथ इस कालातीत (शाश्वत=सर्वदा रहनेवाली) वास्तविकता को भी ध्यान में रखना चाहिए कि वह कर्तव्य की भावना से कर्म करे, सेवा की भावना से कर्म करे, अनासक्ति की भावना से कर्म करे। ऐसा जीवन स्वतः ही व्यक्ति को स्थायित्व, सुख-शांति तथा अंत में ज्ञानोदय प्रदान करने में समर्थ होगा। श्रीकृष्ण व्यक्ति को उसके जीवन में 'धर्म-युद्ध' करने के लिए प्रेरित करते हैं, जिसका अर्थ है—'न्याय-प्राप्ति के उद्देश्य से नेक युद्ध।''गीता' उन आध्यात्मिक तथा नीतिपरक कठिनाइयों को सुलझाने का मार्ग प्रदर्शित करती है, जो मनुष्य के सम्मुख उसके सांसारिक जीवन में उत्पन्न हो जाती हैं।

गीतानुसार 'यथार्थ एवं सफल जीवन' का अर्थ है—"अपने पर्यावरण के साथ विवेकपूर्ण एवं प्रभावोत्पादक ढंग से निपटना, न कि उससे पलायन करना; अपने जीवन-मार्ग में आनेवाली सभी, परस्पर विरोधी भी, तत्त्वों/घटकों/शक्तियों के बीच सच्चाई के साथ, अनासक्ति के भाव से मन को बसाए रखकर संसार का भोग करना[1] तथा यथाशक्ति लोक-कल्याण के कार्य (परोपकार) करते रहना।" सफल एवं सुखी जीवन के लिए उदार सोच को अपनाना होगा, न कि संकीर्ण भाव को। 'वसुधैवकुटुंबकम् =

---

1. "ईशावास्यमिदं सर्वं यत्किञ्च जगत्यां जगत्। तेन त्यक्तेन भुञ्जीथा मा गृधः कस्यस्विद्धनम्।" अर्थात् इस संसार में जो कुछ भी स्थायी-अस्थायी उपलब्ध है, वह सब ईश्वरमय है। तुम त्यागभाव (= अनासक्ति) से उसका भोग करो (= आसक्ति), अर्थात् अनासक्ति के साथ आसक्ति रखो। किसी दूसरे के धन की इच्छा मत करो। (ईश

समस्त पृथ्वी ही परिवार है' की भारतीय विचारधारा को मन में सँजोना होगा। (महोपनिषद्, 5/71)। इसके अतिरिक्त इस बीजमंत्र को सर्वदा याद रखना होगा—"भूतकाल के अंधकारपूर्ण (अशुभ) पक्ष पर कदापि विचार (चिंतन) मत करो। उसे सदा के लिए भूल जाओ। वर्तमान जिस रूप में भी तुम्हारे सामने आए, उसका आनंद लो[1]। (संतोषी सदा सुखी[2])।" अधिक अच्छे भविष्य के लिए विवेकपूर्ण ढंग से 'सुधार एवं प्रगति की योजना की रूपरेखा' तैयार करो तथा उसको कार्यान्वित करने के लिए सर्वोत्तम प्रयत्न करो।[3]

मनुष्य 'गीता' में बताए गए तीनों मार्गों के आधार पर एक सर्वोत्तम एकीकृत मार्ग अपना सकता है। वह आत्मा-परमात्मा तथा प्रकृति के संबंध

उपनिषद्, मंत्र 1; यजुर्वेद, 40/1) महात्मा बुद्ध ने भी कहा है, "वास्तव संसार को वर्तमान रूप में समझना अत्यंत कठिन है; क्योंकि यद्यपि संसार सत्य जान पड़ता है, पर यह ऐसा नहीं है—और यद्यपि यह असत्य (मिथ्या) जान पड़ता है, परंतु यह ऐसा नहीं है। अज्ञानी लोग संसार से संबंधित सत्य को नहीं जान सकते।" एक अन्य स्थल पर उन्होंने कहा है, "प्रबोधन (ज्ञानोदय) के मार्ग पर चलने वालों को दो चरम सीमाओं से बचकर रहना चाहिए। प्रथम, शारीरिक इच्छाओं में आसक्ति (अतिभोग) की चरम सीमा। द्वितीय, इसकी विपरीत चरम सीमा है, जो उस मनुष्य के संबंध में आती है, जो इस जीवन का परित्याग करना चाहता है तथा जो तपस्वी अनुशासन की चरम सीमा तक जाना चाहता है, अनावश्यक रूप से अपने शरीर तथा मन को अविवेकपूर्ण ढंग से संतापित (उत्पीड़ित) करके। 'उत्तम मार्ग', जो इन दोनों चरम सीमाओं के परे है और जो प्रबोधन (ज्ञानोदय) तथा बुद्धि और शांति की ओर ले जाता है, उसे 'मध्यम मार्ग' कहा जा सकता है।...इसमें 'अष्टगुण उत्तम मार्ग' होता है—सही दृष्टि, सही सोच-विचार, सही कथन, सही व्यवहार, सही आजीविका, सही प्रयत्न, सही सतर्कता तथा सही एकाग्रता।" (द टीचिंग ऑफ बुद्ध, पृष्ठ 44 व 112)

1. "चाहे सुख हो या दुःख, प्रिय हो अथवा अप्रिय, जो जिस समय जैसे प्राप्त हो, उस समय वैसे ही मन को पराजित (निराश) न करते हुए (अर्थात् नाराज होकर अपने कर्तव्य को न छोड़ते हुए) उसका सेवन करते रहो।" (महाभारत, शांतिपर्व, 25.26)
2. "असंतोष का अंत नहीं है और संतोष ही परम सुख है।" (महाभारत, वनपर्व, 215.22)
3. "इस संसार में तीन गलत दृष्टिकोण (विचार) हैं। प्रथम, कुछ लोग कहते हैं कि समस्त मानव अनुभव भाग्य पर आधारित है; द्वितीय, कुछ लोग समझते हैं कि सबकुछ ईश्वर के द्वारा उत्पन्न किया जाता है और उसका नियंत्रण ईश्वरेच्छा से होता है; तृतीय, कुछ लोग

में तत्त्वज्ञान प्राप्त करके (इनके बारे में भलीभाँति समझकर (यह ज्ञानयोग है) निष्काम मानव-सेवा करता हुआ (यह कर्मयोग है), अपने मन को एकाग्रचित्त करके, उसे ब्रह्म के ध्यान में लगाते हुए ब्रह्मोपासना कर सकता है (यह भक्तियोग है); और इस प्रकार जीवन में सुख-शांति तथा इस जीवन की समाप्ति के पश्चात् मोक्ष प्राप्त कर सकता है।

जीवन सुख-शय्या नहीं होता, बल्कि गुलाब के पौधे की भाँति होता है, जो हमको गुलाब के सुंदर फूलों के साथ-साथ संलग्न काँटे भी अर्पित करता है। दूसरे शब्दों में, जीवन मनुष्य को आनंद व दर्द और सुख व दुःख दोनों का सम्मिश्रण भेंट करता है। यह हमारे समक्ष अनेक परीक्षाएँ तथा संघर्ष प्रस्तुत करता है। इसलिए जीवन की चुनौतियों (दुःख-भोगों तथा घोर व्यथाओं) का लगन, दृढ़ संकल्प, मनोबल, साहस, दृढ़ विश्वास, आशा तथा मानसिक शांति के साथ प्रत्यक्ष रूप से सामना करने के लिए हमको अपने अंदर युद्ध-उत्साह उत्पन्न व विकसित करना होगा। हमको परमपिता परमेश्वर पर विश्वास करना सीखना होगा कि वह अवश्य ही हमें सद्बुद्धि देगा, हमारा मार्गदर्शन करेगा और हम पर अपना स्नेह व हितैषिता सर्वदा बनाए रखेगा। हमको यह महसूस करना चाहिए कि हम अकेले नहीं हैं।

कहते हैं कि सबकुछ किसी कारण या परिस्थिति के बिना ही संयोगवश होता है। यदि सब भाग्य के द्वारा ही निश्चित किया जाना है, शुभ और अशुभ कर्म पूर्व निश्चित हैं, सुख-दुःख पूर्व नियत हैं; कुछ भी ऐसा नहीं होगा जो पूर्व निर्धारित न हो तो सुधार एवं उन्नति के लिए किए गए संपूर्ण मानव प्रयत्न व्यर्थ होंगे और मानव जाति आशाहीन होगी। अन्य दृष्टिकोणों के संबंध में भी ठीक यही बात सच है, क्योंकि यदि हर बात अंत में अज्ञेय ईश्वर के हाथों में ही है अथवा नेत्रहीन संयोग (इत्तफाक) के हाथों में ही है तो मानव जाति के पास आत्मसमर्पण के अतिरिक्त और क्या आशा (उम्मीद) है? आश्चर्य नहीं कि इन धारणाओं को रखनेवाले लोग उम्मीद (आशा) को ही खो देंगे (छोड़ देंगे) और बुद्धिमत्तापूर्ण ढंग से कर्म करने के लिए तथा बुराई से बचने के लिए प्रयत्न करने की उपेक्षा करेंगे। वास्तव में ये सब तीनों दृष्टिकोण अथवा धारणाएँ गलत हैं; सबकुछ उस दिखावट का अनुक्रमण (सिलसिला) है, जिसका स्रोत कारणों और परिस्थितियों के संचय में निहित है। "यदि कोई इन दृष्टिकोणों में निष्ठा रखता है, तब इस संसार में सभी चीजों के होते हुए भी उनसे वंचित रहना होगा" (द टीचिंग ऑफ बुद्ध, पृष्ठ 86 व 88)

परमेश्वर हमेशा हमारे साथ है, अपना आशीर्वाद हम पर सदा बनाए रखने के लिए। स्वर्ग हर्षोन्माद तथा रंगरलियाँ मनाने का पृथ्वी से कोई भिन्न लोक नहीं है। वास्तव में, स्वर्ग उस ब्रह्म के साथ एकीकरण के द्वारा प्राप्त होनेवाले आनंद का नाम है, जो 'सच्चिदानंद' है, अर्थात् सत्, चित् (चैतन्य/ज्ञान/आत्मा) तथा आनंद-स्वरूप है। ['सच्चिदानंद' ईश्वर के लिए प्रयुक्त एक उपाधि (गुणसूचक विशेषण) है।]

जहाँ तक ईश्वर के लिए जानने का प्रश्न है तो इस संबंध में बस यही कहा जा सकता है कि हमारे महान् मनीषी ऋषि-मुनियों ने अपना समस्त जीवनकाल ईश्वर की खोज में लगा दिया, परंतु फिर भी वे उस 'निरपेक्ष सत्य' की स्पष्ट खोज नहीं कर पाए[1] और उसके संबंध में 'नेति-नेति'[2] (न इति, न इति = यह भी नहीं, यह भी नहीं) कहकर उसे परिभाषित करते रहे।[3] इसीलिए 'गीता' में ईश्वर को 'अपरिभाष्य' कहा है, अर्थात् जिसकी परिभाषा नहीं दी जा सकती। अतः ईश्वर की खोज में लगना व्यर्थ है। (महात्मा बुद्ध उसे 'अज्ञेय ईश्वर' कहकर उद्घोषित करते हैं।) उपासना निराकार-निर्गुण ब्रह्म की करें अथवा साकार-सगुण देवताओं की? इस

---

1. "आचार्य ने कहा कि ब्रह्म विचारणीय है। आचार्य के ऐसा कहने पर शिष्य ने आत्मानुभव करने के बाद आचार्य के समीप आकर कहा कि मैं ऐसा मानता हूँ कि अब मुझे ब्रह्म विदित हो गया है। कैसे विदित हुआ वह सुनिए—
'नाहं मन्ये सुवेदेति नो न वेदेति वेद च।' अर्थात् "मैं न तो यह मानता हूँ कि ब्रह्म को अच्छी तरह जान गया हूँ और न यही समझता हूँ कि उसे नहीं जानता।" (केनोपनिषद्, 2/1-2)। "ब्रह्म के दो रूप हैं—परब्रह्म तथा अपरब्रह्म। परब्रह्म अर्थात् योग साधना से जानने योग्य ब्रह्म। अपरब्रह्म अर्थात् साधारण जन जिसे जान नहीं सकते, केवल सृष्टि-रचना से जिसकी सत्ता जानी जाती है।" (प्रश्न उपनिषद्)। "अन्न ब्रह्म है, प्राण ब्रह्म है, मन ब्रह्म है, विज्ञान ब्रह्म है, आनंद ब्रह्म है।" (तैत्तिरीय उपनिषद्)।
2. वृहदारण्यक उपनिषद्।
3. 'ब्रह्म विज्ञान और आनंद रूप है।' (वृहदारण्यक उप., 3/9/28) 'वह विज्ञान धन ही है।' (वृहदारण्यक उप., 2/4/12) 'ब्रह्म सत्य, ज्ञान और अनंत-स्वरूप है।' (तैत्तिरीय उप., 2/1/1)। 'प्रज्ञान ब्रह्म है।' (ऐतरेय उप., 5/3)। 'ॐ यह अक्षर ही ब्रह्म है।' (गीता, 8/13)

संबंध में गीता की मान्यता यह है कि निराकार ब्रह्म की उपासना साकार देवताओं की उपासना से बेहतर है, क्योंकि निराकार ब्रह्म की उपासना करनेवाले मनुष्य को मोक्ष मिल जाता है; परंतु देवताओं की उपासना करनेवाले अपने पुण्य के कारण स्वर्गलोक[1] में जाकर अपने मुक्तिकाल में स्वर्गानंद भोगते हैं और अपने पुण्य समाप्त होने पर फिर पृथ्वी पर जन्म लेते हैं। (इसका विस्तृत वर्णन पुस्तक के चौथे (4) खंड में किया जा चुका है।) परंतु इस संबंध में केवल इतना ही कहना उचित होगा कि गृहस्थ मनुष्यों को सर्वप्रथम अपने गृहस्थ धर्म (पारिवारिक कर्तव्य-कर्मों) को निभाना चाहिए, तत्पश्चात् अपनी सुविधा और साधनों के अनुकूल लोक-सेवा (मानव-कल्याण) को अपना प्राथमिक उद्देश्य बनाना चाहिए, जो निस्संदेह सुख-शांतिदायक तथा मोक्षदायक है। फिर आप भले ही निराकार ब्रह्म की उपासना करें अथवा देवताओं की, इस बात का कोई विशेष महत्त्व नहीं रह जाता है।

सत्य तो यह प्रतीत होता है कि ईश्वर की प्रसन्नता पूजा-अर्चना पर नहीं, आपके कर्म (कर्तव्य-पालन) पर टिकी होती है। मनुष्य को निर्भय होकर इस विचारधारा पर दृढ़ विश्वास करना चाहिए। दूसरे शब्दों में, हम यह कह सकते हैं कि मनुष्य का सुख-दुःख तथा ईश्वर का आशीर्वाद—ये सब भाग्य अथवा ईश्वर की पूजा-अर्चना पर नहीं, बल्कि उसके अपने स्वयं के कर्म पर टिके होते हैं (भाग्य भी अभुक्त संचित कर्म-फल ही है), उसके सत्कर्म पर आधारित हैं, उसके निष्काम कर्म पर आश्रित हैं। ईश्वर की अर्चना में भी मनुष्य को केवल यही माँगना चाहिए कि "हे परमेश्वर! हमारा मन सर्वदा निष्काम कर्म में लगाए रखना तथा हमको निष्काम कर्म करने की शक्ति और साधन प्रदान करना।"

मनुष्य को चाहिए कि वह अपने सामर्थ्य तथा ईश्वर की अनुकंपा (दया) पर पूर्ण विश्वास करते हुए अपने कर्तव्य-मार्ग पर सर्वदा निर्द्वंद्व

---

1. 'नित्यमेव सुखं स्वर्गे।' अर्थात् नित्य (शाश्वत/हमेशा रहनेवाला) सुख ही स्वर्ग है। (महाभारत, शांतिपर्व, 190.14)

होकर (अर्थात् हर्ष-विषाद, सफलता-असफलता, लाभ-हानि आदि का मानसिक संघर्ष त्यागकर) चलता रहे तो निश्चय ही उसको सफलता भी मिलेगी और सुख भी प्राप्त होगा, जिसकी खोज संसार के हर प्राणी को है। यही एक उचित मार्ग है। किसी अन्य मार्ग का चयन करके उस पर चलने से उसके भटकने की और जीवन-लक्ष्य (सुख/मोक्ष) से दूर चले जाने की पूर्ण संभावना है।

अंत में, यह निष्कर्ष निकालना बिलकुल उचित एवं तर्कसंगत प्रतीत होता है कि भगवद्गीता का केंद्रीय संदेश इस प्रकार है—

"अपनी विभिन्न भूमिकाओं में सामंजस्य स्थापित करते हुए अपने कर्तव्य-कर्म को यथोचित रूप में संपन्न करो। ब्रह्म को अपने कर्म में उतारो, केवल उपासना और भक्ति में ही नहीं : अर्थात् निष्काम कर्म करो; सभी प्राणियों की, यथासंभव, निस्स्वार्थ सेवा-सहायता[1] करो।"

वास्तव में, यथार्थ एवं सफल जीवन का अर्थ है—अपने पर्यावरण के साथ विवेकपूर्ण तथा प्रभावोत्पादक ढंग से निपटना तथा अपने जीवन-मार्ग में आनेवाले सभी, परस्पर विरोधी भी, तत्त्वों/घटकों/शक्तियों के बीच सच्चाई के साथ सामंजस्य (संतुलन) स्थापित करना।

'गीता' में भगवान् श्रीकृष्ण का संदेश आधुनिक युग तथा उस प्रकार से, किसी भी युग के लिए एक सही (पूर्ण) उत्तर है—कर्तव्य-कर्म (निष्काम कर्म) का योग, अनासक्ति का योग, ब्रह्म-बोध (ईश्वर-अनुभूति) का योग तथा मोक्ष का योग। (यहाँ 'योग' का अर्थ है 'कुशल कार्य', अर्थात् पूर्वोक्त क्षेत्रों में कुशलतापूर्वक कार्य करना।)

(स) अंतिम निष्कर्षीय सुझाव

सुख/सफलता/मोक्ष-प्राप्ति के सात आश्चर्य अथवा बीज-मंत्र :

1. ईश्वर को अपने कर्म में उतारो—कर्मयोगी बनो : अपने नियत कर्म

---

1. अठारह पुराणों का सार यह है—"परोपकार करना पुण्य कर्म है तथा दूसरों को पीड़ा देना पाप कर्म है।"

भलीभाँति संपन्न करो और साथ ही जीवन में अपनी क्षमतानुसार निष्काम कर्म (स्वार्थ-रहित सेवा) भी करो तथा इस सबको ही ईश्वर की वास्तविक पूजा समझो।

भाग्य कोई संयोग/दैव योग (इत्तिफाक) का मामला नहीं है, यह वरण (चुनाव) का मामला है; यह कोई ऐसी वस्तु नहीं है, जिसकी प्रतीक्षा की जाए। यह एक ऐसी वस्तु है, जिसे प्राप्त करना होता है। भाग्य ईश्वर की इच्छा से नहीं, आपके कर्मों से बनता है। आप स्वयं ही अपने भाग्य को बनाते अथवा बिगाड़ते हैं; क्योंकि आपके 'अभुक्त, संचित कर्मफलों' का नाम ही भाग्य है। इसलिए स्वयं पर भरोसा रखो और अपना अच्छा भाग्य बनाने के लिए अपने कर्तव्य-कर्मों/निष्काम कर्मों को सर्वोत्तम ढंग से करो—यह कर्मयोगी की प्रकृति तथा शैली है। कठिन परिश्रम एक सोपान (सीढ़ी) की भाँति होता है और भाग्य एक लिफ्ट की भाँति। लिफ्ट कभी-कभी फेल हो सकती है, परंतु चाहे कोई भी अवसर हो, सोपान आपको सर्वदा शिखर (चोटी) तक ले जाएगी।

अपेक्षा (प्रत्याशा/उम्मीद) कुंठा (नैराश्य) उत्पन्न करती है तथा आनंद को कम करती है। अपेक्षा का स्तर जितना अधिक ऊँचा होगा, नैराश्य की मात्रा उतनी ही अधिक होगी। इसलिए दूसरों का भला करो और उसे भूल जाओ—यह कर्मयोगी की प्रकृति तथा शैली है। इस प्रकार अपेक्षा के स्तर को शून्य रखो और कुछ मामलों में तो 'ऋणात्मक' रखो, अर्थात् "यह सोचो कि जिस मनुष्य का तुम भला कर रहे हो, भविष्य में वह तुम्हारा बुरा भी कर सकता है"; तब तुमको नैराश्य नहीं होगा।

2. अभीह (निडर) बनो : न अपने आपसे डरो और न अपनी असफलता से डरो तथा जीवन में अपने सम्मुख किसी भी रूप में उपस्थित विपरीत परिस्थितियों से भी कभी न घबराओ; पूर्ण साहस तथा दृढ़ निश्चय के साथ उनका सामना करो। सर्वदा यह धारणा रखो कि तुम्हारे अंदर

कुछ ऐसा है, जो परिस्थितियों से श्रेष्ठ है। 'स्वयं' पर भरोसा करो तथा 'नकारात्मक तनावों', 'काल्पनिक आशंकाओं' से बचो।

3. सर्वदा अथवा अधिक समय तक सुखी (प्रसन्न) रहने के लिए अपने अच्छे बीते हुए क्षणों/समयों को याद करो तथा अपने व्यक्तिगत अनुभवों की किसी अन्य के अनुभवों से तुलना न करो। साथ ही, इस तथ्य को सर्वदा याद रखो—"सुखी (प्रसन्न) रहनेवालों का भाग्य सर्वदा खुलता है।"
4. अपनी सोच को हमेशा सकारात्मक रखो तथा आशावादी बनो। नकारात्मक सोच तथा निराशावादी होना, दोनों ही विनाश की ओर ले जाते हैं। ("एक आशावादी प्रत्येक कठिनाई में सर्वदा एक सुअवसर देखता है, जबकि एक निराशावादी प्रत्येक सुअवसर में सर्वदा एक कठिनाई देखता है।")
5. ईर्ष्या (जलन) से बचो, क्योंकि यह व्यक्ति को स्वयं को ही जला देती है।
6. अपने न्यायसंगत अधिकारों के लिए न्यायपूर्ण ढंग से संघर्ष करो; परंतु प्रतिशोध (बदले) की भावना का परित्याग करो, क्योंकि 'प्रतिशोध (बदला) एक प्रकार का वहशी (जंगली) न्याय है।' इसी तरह, प्रतिपक्षी (विरोधी) के प्रति वैरभाव (शत्रुता) न रखो।
7. इनसानों की इस दुनिया में 'भगवान्' बनने की कोशिश न करो; परंतु एक 'भिन्न' इनसान अवश्य बनो। इस संसार का 'त्याग' (विराग) की भावना से भोग करो, अर्थात् एक सकारात्मक दृष्टि अपनाओ तथा यह सोचो कि जब हम इस भौतिकवादी समाज और संसार में रह रहे हैं तो फिर हमको अपनी क्षमता तथा अंतःकरण के अनुकूल इस संसार के आनंदों से पलायन नहीं करना चाहिए, दूर नहीं भागना चाहिए ('जैसा देश, वैसा वेश')। अपने 'वर्तमान' को जी भरके जिओ, परंतु भोग करते हुए हमको इन आनंदों में स्वयं को सनकी (विवेकहीन) अथवा व्यक्तिगत ढंग (तरीके) से उलझाना नहीं चाहिए तथा इस

बात का भी पूरा होश रखना चाहिए कि सांसारिक आनंद तथा धन-दौलत वास्तव में क्षणिक (अस्थायी) हैं और इसी तरह हमको सर्वदा ईश्वर-भाव की अनुभूति भी अपने समीप रखनी चाहिए और उन सभी आनंदों को ईश्वर को समर्पित करते हुए भोगना चाहिए—अर्थात् भोग करते समय जीवन के अंतिम, वास्तविक उद्देश्य 'मोक्ष' से कभी नहीं भटकना चाहिए तथा निरंतर यह याद रखना चाहिए कि मोक्ष के लिए सर्वोत्तम मार्ग 'निष्काम कर्म' (स्वार्थहीन सेवा) है, न कि ये सांसारिक आनंद।

वास्तव में, निष्काम कर्म हमारे जीवन के तीन महानतम लक्ष्यों—सुख, सफलता तथा मोक्ष के लिए मार्ग तैयार करते हैं। यह सोचो कि क्या तुम कोई निष्काम कर्म करते हो? यदि हाँ, तो ऐसा निरंतर तथा अधिकाधिक करते रहो और यदि 'नहीं,' तो इस मामले में बिना कोई विलंब किए निष्काम कर्म करना प्रारंभ कर दो।

यह ध्यान देने योग्य है कि सुख, सफलता तथा मोक्ष-प्राप्ति के ऊपर वर्णित सभी साधन साध्य अर्थात् संभव और पूरा किए जाने योग्य हैं तथा पूर्ण रूप से या फिर महत्तर सीमा तक (काफी हद तक)—इसलिए, संशयी (अविश्वासी) मत बनो; क्योंकि ऐसी दोनों ही अवस्थाओं में तुम जीवन के अपने तीनों महानतम लक्ष्यों—सुख, सफलता एवं मोक्ष को प्राप्त कर सकोगे।

(द) गीता का वास्तविक सार

वास्तव में, 'गीता' के ग्यारहवें अध्याय का पचपनवाँ श्लोक (11/55) ही गीता का सार है, 'गीता' की समस्त शिक्षाओं का सार है। यह श्लोक गीता में निर्देशित ईश्वर-प्राप्ति के तीनों मार्गों—ज्ञान, कर्म एवं भक्ति—का समिश्रण है। यह श्लोक इस प्रकार है :

"मत्कर्मकृन्मत्परमो मद्भक्तः संङ्गवर्जितः।
निर्वैरः सर्वभूतेषु यः स मामेति पाण्डव॥"

उक्त श्लोक का भावार्थ

मनुष्य को अपने कर्म ईश्वर के लिए ही करने चाहिए। दूसरे शब्दों में, उसे अपने कर्म अपना कर्त्तव्य समझकर तथा निष्काम भाव (स्वार्थहीन भावना) से करने चाहिए। मनुष्य को आत्मा-परमात्मा के रहस्य को भलीभाँति समझकर परमात्मा को ही परम शक्ति (सर्वोच्च सत्ता) मानना चाहिए और उसी की प्राप्ति को (अर्थात् मोक्ष को) अपना अंतिम लक्ष्य रखना चाहिए। मनुष्य को निराकार ब्रह्म की भक्ति करनी चाहिए, यद्यपि ऐसा करना एक कठिन कार्य है, परंतु निश्चय ही साकार ईश्वर की भक्ति से श्रेष्ठ है। इस प्रकार मनुष्य को कर्म, ज्ञान एवं भक्ति के सम्मिश्रित मार्ग पर चलना चाहिए। साथ ही, मनुष्य को अनाशक्त भाव से, मनोग्रस्त न होकर इस संसार में में रहना चाहिए। दूसरे शब्दों में, त्याग की भावना के साथ इस संसार को भोगना चाहिए। मनुष्य को किसी भी प्राणी के प्रति वैरभाव (शत्रुता का विचार) नहीं रखना चाहिए, क्योंकि उसे सर्वदा यह बोध होना चाहिए कि सभी प्राणियों में एक ही आत्मा-परमात्मा का निवास है। जिस मनुष्य के आचरण में पूर्वोक्त सभी विशिष्टताएँ होती हैं, वह ईश्वर को ही प्राप्त होता है, अर्थात् उसकी आत्मा-परमात्मा में मिल जाती है, उसको मोक्ष प्राप्त हो जाता है। निष्कर्ष में पूर्वोक्त विशिष्टताओंवाला मनुष्य जीवन के तीनों महानतम लक्ष्यों—सुख, सफलता तथा मोक्ष—को प्राप्त कर लेता है।

'गीता' के उपरोक्त वास्तविक सार को एक दोहे के माध्यम से इस प्रकार व्यक्त किया जा सकता है :

"ज्ञान कर्म अरु भक्ति का, करो समन्वय आप।
ईश्वर की होय प्राप्ति, नष्ट होंय सब पाप॥"

□□□